Nelle *Carceri*
di
G. B. Piranesi

ITALIAN PERSPECTIVES

SERIES EDITORS

Z. G. Barański & A. L. Lepschy

In the light of growing academic interest in Italy and the re-organization of many university courses in Italian along interdisciplinary lines, this book series aims to bring together different scholarly perspectives on Italy and its culture.

Italian Perspectives publishes books and collections of essays on any aspect and period of Italian literature, language, history, culture, politics, art, and media, as well as studies which take an interdisciplinary approach and are methodologically innovative. The series welcomes books written in English and in Italian.

PREVIOUSLY PUBLISHED:

1. *The Letters of Giacomo Leopardi 1817–1837.* Selected and translated by Prue Shaw. 1998; vi + 296 pp. ISBN 0 901286 97 4

Nelle *Carceri* di G. B. Piranesi

Silvia Gavuzzo-Stewart

NORTHERN
UNIVERSITIES
PRESS
1999

ITALIAN PERSPECTIVES 2

Published by Northern Universities Press,
an imprint of W. S. Maney & Son Ltd,
Hudson Road, Leeds LS9 7DL, UK.
Telephone: +44 (0)113 249 7481
Fax: +44 (0)113 248 6983

ISBN: 1 902653 00 9
ISSN: 1464-1879

Designed and produced by The Design Works, Reading

Printed in Great Britain by W. S. Maney & Son Ltd, Leeds

Indice

Ringraziamenti

Ringraziamenti sono dovuti all'Università di Reading per avermi concesso un *leave of absence* nell'anno accademico 1990-91 e a mio marito Alexander Stewart per averlo finanziato. Sono particolarmente grata anche ai curatori di questa collana A. Laura Lepschy e Zygmunt G. Barański. Desidero ricordare: Maurizio Fagiolo dell'Arco, che per primo mi ha esortato a pubblicare un libro su G. B. Piranesi già dall'epoca della mia tesi di laurea, ed anche Pina Froio, Alida Moltedo, Rüdiger Niehl, Antonio L. Pellizzi, Agnese Pitrelli, Maria Ranvaud, Orietta Rossi Pinelli, Maria Grazia Tarquini che ringrazio per il loro aiuto. Inoltre voglio esprimere tutta la mia gratitudine a Giulio Lepschy e a Paola Gavuzzo-Stuesser che hanno letto l'intera prima stesura di questo libro e contribuito alla chiarezza del testo.

Hanno cortesemente dato il permesso di riprodurre illustrazioni:

Accademia Nazionale di San Luca, Roma
Biblioteca Apostolica Vaticana
The British Museum, Londra
Istituto Nazionale per la Grafica, Roma
Kunsthalle, Amburgo
National Gallery of Scotland, Edimburgo
Staatliche graphische Sammlung Albertina, Vienna

Illustrazioni

Introduzione

Le *Carceri* di Piranesi sono tra le opere artistiche più suggestive ed originali del diciottesimo secolo. Ne esistono due principali edizioni, la prima costituita da quattordici stampe e l'ultima, posteriore alla prima di più di dieci anni, che ne contiene sedici. Malgrado i molti studi sulle *Carceri* un elemento di mistero ancora permane sul loro significato. Mistero nutrito dallo stile stesso delle cupe incisioni. Le *Carceri* sono state interpretate come il prodotto di sogni deliranti, ma anche come lucide testimonianze di teorie illuministiche. Esse formano una parte molto interessante e significativa, ma anche limitata ed eccentrica della vasta opera di Giovanni Battista Piranesi, una delle personalità artistiche più importanti del Settecento italiano la cui opera ha avuto echi fecondi anche nel resto dell'Europa e non solo tra architetti e pittori, ma pure tra i letterati. Piranesi è stato un appassionato di antichità, un collezionista, un teorico dell'arte, un architetto e soprattutto un incisore. Le *Vedute di Roma*, alle quali Piranesi ha lavorato lungo tutto il corso della sua vita artistica, sono tra le sue incisioni più conosciute.

Nato a Mogliano di Mestre nel 1720,[1] figlio di uno scalpellino, secondo la tradizione era stato educato come architetto dallo zio materno Matteo Lucchesi, architetto di una certa rinomanza, mentre avrebbe appreso la prospettiva e l'incisione da Carlo Zucchi. Questi sarebbero stati i suoi primi maestri.

La formazione di Piranesi risente dell'influsso veneto e molto vasta è la lista degli incisori e dei vedutisti veneti il cui nome è stato associato a quello di Piranesi, da Marieschi a Marco Ricci, da Tiepolo a Canaletto. Con il passare del tempo non sarà però Venezia, ma Roma, dove Piranesi si trasferirà intorno ai venti anni e dove morirà nel 1778, che costituirà sempre più il vero alimento della sua poetica. Verso Roma tendevano gli interessi del giovane Piranesi che, come apprendiamo dalla biografia dell'architetto Legrand del 1799, si entusiasmava alle letture di storia romana che gli faceva un suo fratello monaco certosino, tanto da sognare la notte le imprese degli antichi romani. E così nutriva in sè un desiderio ardente di vedere i luoghi testimoni di questi avvenimenti storici e di disegnare i monumenti che erano ancora lì a documentare tutti quei fatti straordinari. Ed ecco che nel 1740 si presenta l'occasione all'artista di partire alla volta di Roma al seguito dell'ambasciatore di Venezia.

[1] Si veda però L. Puppi che ritiene, d'accordo con i primi biografi di Piranesi, G. L. Bianconi e J. G. Legrand, che l'incisore sia nato a Venezia, 'Educazione Veneziana di Piranesi', in *Piranesi tra Venezia e l'Europa*, a cura di A. Bettagno (Firenze, Olschki, 1983), pp. 217-64 (p. 236).

Proprio in questi anni si erano iniziati gli scavi delle antiche città di Pompei e di Ercolano, che tanta parte dovevano avere nella formazione del gusto neoclassico e che attrarranno presto l'appassionato interesse di Piranesi. Ma intanto per il giovane veneziano anche Roma è da scoprire; questa Roma centro dello stato papale, scarsamente popolata, seminata di palazzi, ville, vigneti, chiese, casupole e rovine antiche, dove grandezza e povertà convivono. Connubio che non sarà guardato con occhi indifferenti da Piranesi.

Egli, straniero in questa città mitica, diventerà subito amico di altri stranieri, artisti e facoltosi personaggi impegnati nel *Grand Tour*, per cui Roma era ancora meta indispensabile di studio. Con i turisti, soprattutto scozzesi e inglesi, si era anche diffusa la Massoneria, a tal punto da preoccupare la Chiesa che già nel 1738 emetteva la prima Bolla contro di essa. È ancora da appurare se Piranesi fosse o no un massone, ma è certo che egli si muoveva in un ambiente strettamente legato all'associazione dei liberi muratori.

Tre anni dopo il suo arrivo a Roma, Piranesi pubblica la sua prima opera di rilievo da lui intitolata: *Prima Parte di Architetture, e Prospettive inventate, ed incise da Gio. Batta. Piranesi Architetto Veneziano dedicate al Sig. Nicola Giobbe.* Nella dedica a Nicola Giobbe, ricco costruttore e collezionista, Piranesi riferendosi a Roma, scrive: 'Io non vi starò a ridire la meraviglia, che n'ebbi osservando d'appresso, o l'esattissima perfezione delle architettoniche parti degli Edifizj, la rarità, o la smisurata mole de' marmi che in ogni parte rincontransi, o pure quella vasta ampiezza di spazio, che una volta occupavano i Circhi, i Fori, o gl'imperiali Palagi'.

Il senso di 'meraviglia' in Piranesi nasceva dal fatto che anche se gli erano note attraverso i disegni, queste rovine ora gli 'parlavano', per usare una sua espressione, un linguaggio ben diverso; come egli stesso scrive nella dedica al Giobbe: 'io vi dirò solamente, che di tali immagini mi hanno riempiuto lo spirito queste parlanti ruine, che di simili non arrivai a potermene mai formare sopra i disegni, benchè accuratissimi, che di queste stesse ha fatto l'immortale Palladio'.

Ed è proprio questa sensazione di 'meraviglia' che Piranesi vorrà comunicare nelle sue incisioni, sensazione nata da un nuovo modo di ascoltare le 'parlanti ruine', da una nuova percezione di esse. Forse il mezzo più evidente per raggiungere il suo scopo è, oltre all'impiego di una vastissima gamma di toni che dilatano lo spazio oltre il possibile, l'uso altamente artificioso delle proporzioni delle figure rispetto a quelle delle architetture. I suoi contemporanei erano ben consci di questa artificiosità che, mirando a dare l'impressione di qualcosa di più grande del vero, era atta a suscitare un senso di meraviglia. Di questo fa testimonianza, tra gli altri il suo biografo Legrand:

> L'abitudine a trattare le cose grandi gli faceva sempre conferire un aspetto imponente e maestoso che gli Italiani chiamano *il grandioso* agli oggetti più ordinari e di minor rilievo. È un rimprovero che molte persone si sono compiaciute di fargli e che sotto qualche aspetto può essere fondato. Ma se è vero che l'uomo di genio si deve far perdonare la sua superiorità commettendo qualche errore, che consola e rallegra gli spiriti ordinari, è meglio che *Piranesi* abbia peccato per l'eccesso di grandezza e di magnificenza che gli ispirava il suo entusiasmo, piuttosto che per quella maniera più comune, qualche volta vera, ma spesso così povera e meschina che secca e raffredda tutto quello che tocca.[2]

I disegni di altri, 'benché accuratissimi' non avevano 'riempiuto lo spirito' di Piranesi delle immagini straordinarie che percepiva ora a contatto con le rovine stesse. Non sarà quindi certo l'esatta imitazione il primo interesse di questo artista. In un periodo in cui il razionalismo del secolo dei Lumi tende a condannare severamente l'uso della fantasia che non abbia uno sbocco funzionale giustificabile secondo date regole, in un'epoca in cui la rappresentazione del mondo esterno secondo ragione e verità diventa sempre più importante, Piranesi non si mette nella posizione di timido imitatore della natura, di copista che segue pedissequamente le regole, ma di appassionato ed originale interprete. Ma anche il suo primo e malevolo biografo, G. Ludovico Bianconi doveva ammettere nel suo *Elogio Storico del Cavaliere Giambattista Piranesi,* che:

> Le belle vedute sì antiche, che moderne, di questa superba Capitale, quantunque cento volte incise da altri, furono il soggetto, che egli scelse per farsi onore. A forza di chiari oscuri, e d'una certa franchezza pittoresca, che egli seppe introdurvi arrivò a dare alle sue stampe un effetto tutto nuovo, anzi una specie di magia, che prima non si era mai conosciuta. Se dovessimo compararlo a qualche altro artefice non sapremmo dire se non che egli è il Rembrand delle antiche rovine. Infinito fu lo spaccio, che ebbero subito per l'Europa queste sue opere, anche per l'interesse, che egli sapea dare fino ai più piccoli oggetti da lui rappresentati, sicchè parve a tutti, che allora per la prima volta si cominciassero a conoscer bene dai lontani le antichità Romane. Dico dai lontani, perchè chi era sul luogo non trovava sempre, che questo interesse, questo calore corrispondessero al vero, benchè piacesse infinitamente anche a noi pure una sì bella infedeltà.[3]

Sembra che già dall'età di ventitrè anni Piranesi si mettesse consapevolmente dalla parte della 'bella infedeltà', dell'immaginazione e dell'invenzione, tenendo in poco conto la 'verità', così come anche la possibilità di dare corpo reale ai suoi progetti architettonici. Infatti sempre nella dedica a Nicola Giobbe, Piranesi, che si sentiva e reputava architetto e concepiva immagini grandiose ispirate dall'antichità, per lui impossibili da realizzare, come sostiene, per le avverse circostanze storiche e in particolare per la mancanza di mecenati, ammette a malincuore che l'architetto deve assumere un nuovo ruolo e se non può dare realtà materiale ai suoi progetti, allora egli dice: 'altro partito non veggo restare a me, e a

[2] 'L'habitude de traiter les grandes choses lui faisait toujours donner un aspect imposant et majestueux que les Italiens appelent *il grandioso* aux objets les plus ordinaires et les moins relevés. C'est un reproche que beaucoup de personnes se sont plu à lui faire, et qui peut-être fondé à quelques égards. Mais s'il est vrai que l'homme de génie doive se faire pardonner sa supériorité par quelques erreurs, qui consolent et réjouissent les esprits ordinaires, il vaut mieux que *Piranesi* ait pêché par le trop de grandeur et de magnificence que lui inspiraient son enthousiasme, que par cette manière plus commune, quelques fois vraie, mais souvent aussi pauvre et mesquine qui dessèche et refroidit tout ce qu'elle touche': J. G. Legrand, *Notice historique sur la vie et les ouvrages de G. B. Piranesi,* il manoscritto redatto nel 1799 si trova alla Biblioteca Nazionale di Parigi. Tutte le citazioni da quest'opera derivano, qui e in seguito, dall'edizione a cura di G. Erouart e M. Mosser, 'A propos de la "Notice historique sur la vie et les ouvrages de J.-B. Piranesi": origine et fortune d'une biographie', in *Piranèse et les Français* (Roma, Edizioni dell'Elefante, 1978), pp. 213-56 (pp. 234-35).

[3] G. L. Bianconi, 'Elogio Storico del Cavaliere Giambattista Piranesi celebre antiquario, ed incisore di Roma', *Antologia Romana,* 34-36 (Roma, 1779), 265-84 (p. 273); ristampato in *Grafica grafica,* 2, ii (1976), 127-35 (p. 129). D'ora in poi farò riferimento soltanto a questa ristampa.

qualsivoglia altro Architetto moderno, che spiegare con disegni le proprie idee' e aggiunge: 'ho procurato nel mio soggiorno in questa gran Metropoli di accoppiare alle cognizioni, che qualunqu'elle sieno ho acquistate d'Architettura l'arte di disegnare non solo le mie invenzioni, ma d'intagliarle ancora nel rame'.

Se la messa in opera non è possibile, la grandiosità delle concezioni non sarà frustrata, ma avrà vita attraverso stampe che moltiplicheranno a centinaia e a centinaia le originali 'invenzioni'. Così sulla carta Piranesi fa assumere carattere di 'verità' a progetti irrealizzabili. Egli continuerà a qualificarsi come architetto veneto, anche se in una sola occasione gli fu concesso di appagare le sue ambizioni di architetto. Questo avvenne quando un suo conterraneo, il Cardinale Giambattista Rezzonico, Gran Priore dell'Ordine dei Cavalieri di Malta e nipote del papa Clemente XIII, gli affidò la ristrutturazione della chiesa di Santa Maria del Priorato sull'Aventino a Roma e la costruzione della vicina Piazza dei Cavalieri di Malta.

Se i ligi contemporanei di Piranesi criticavano il suo atteggiamento verso il 'vero' non erano meno critici per il modo in cui l'artista trattava 'il bello'. In quell'epoca 'il bello' poteva essere rappresentato dalla statua, allora ritenuta un originale greco, dell'*Apollo del Belvedere*, statua adorata dal più autorevole teorico dell'arte del tempo, Winckelmann, il cui motto estetico si suole riassumere nell'espressione: 'edle Einfalt und stille Grösse' 'nobile semplicità e quieta grandezza'.

Nell'*Elogio Storico* il Bianconi rimprovera a Piranesi i suoi gusti:

> invece di studiare il nudo, o le più belle statue della Grecia che abbiamo quì, che sono la sola buona strada per imparare, egli si mise a disegnare i più sgangherati storpi, e gobbi che vedeva il giorno per Roma [...] Amava ancora a disegnare gambe impiagate, braccia rotte, e cudrioni magagnati, e quand'egli trovava per le Chiese uno di questi spettacoli a lui pareva d'aver trovato un nuovo Apollo di Belvedere, o un nuovo Laocoonte, e correva tosto a casa a disegnarselo. (Bianconi, p. 128)

Per Winckelmann e i suoi amici la bellezza sta nell'idea di armonia e chiarezza che vedono attuata in un pittore come Raffaello, Piranesi è invece attratto da artisti come Leonardo, che indagano nella natura delle tenebre. Nel frontespizio della *Raccolta di alcuni disegni del Barberi da Cento detto il Guercino* del 1764, Piranesi, come ha notato A. Bettagno,[4] ha disegnato una tavolozza da pittore imbrattata, con su la scritta: 'col sporcar si trova'. Anche questa asserzione ci porta lontani dal concetto di bello come imitazione di una natura selezionata, di moda nell'ambiente neoclassico, ma ci riporta di nuovo a Leonardo ed ai consigli che egli dà ai pittori per stimolare la loro immaginazione creativa: 'non ti sia grave il fermarti alcuna volta a vedere nelle macchie de' muri, o nella cenere del fuoco, o nuvoli o fanghi, od altri simili luoghi, ne' quali se ben saranno da te considerati, tu troverai inventioni mirabilissime, che destano l'ingegno del pittore a nuove inventioni [...] perchè nelle cose confuse l'ingegno si desta a nove inventioni'.[5]

Già nella dedica di Piranesi a Nicola Giobbe troviamo i presupposti per un conflitto sui

[4] Si veda A. Bettagno, 'Introduzione', in *Piranesi: Incisioni - Rami - Legature - Architetture*, catalogo della mostra della Fondazione Cini di Venezia, a cura di A. Bettagno (Vicenza, Neri Pozza, 1978), pp. XI-XIX (p. XIX).

[5] Leonardo da Vinci, *Trattato della pittura*, a cura di A.P. McMahon, (Princeton, Princeton University Press., 1956), fol. 35 v.

problemi che riguardano il concetto del vero, dell'imitazione, del ruolo della fantasia e dell'autorità della tradizione che, insieme al concetto del bello, dell'uso degli ornamenti, del grottesco e del capriccio, coinvolgeranno in modo profondo e contradditorio Piranesi per gran parte della sua vita, fino a quando egli, pur rispettando il credo accettato al suo tempo, secondo cui l'arte consiste nell'imitazione della natura, percepirà, in maniera sempre più consapevole, la natura stessa come soggetta a continue e strane metamorfosi e quindi a innovazioni. A questo proposito per difendere la liceità delle sue innovazioni si varrà dell'autorità degli antichi scrittori latini riportando frammenti dei loro testi nelle sue incisioni, come per esempio quello tratto dal libro XV delle *Metamorfosi* di Ovidio in cui si parla appunto della natura innovatrice che muta in continuazione le sue forme (EX ALIIS ALIAS REDDIT NATURA FIGURAS). La citazione da Ovidio si trova su una delle tavole che accompagnano il *Parere su l'Architettura*, opera pubblicata nel 1765. Questo è il momento in cui Piranesi, dopo il dissidio tra aspirazioni razionalizzanti, ma frenanti e tendenze creative 'visionarie', accetta pienamente la propria originalità. Esprimendo il diritto a trovare nuove forme artistiche, l'artista innovatore implica con le sue citazioni dalle autorità classiche, che egli non fa altro che seguire l'esempio della natura.

Intanto le *Carceri* segnano a mio parere nelle due diverse edizioni di cui ho parlato all'inizio, momenti salienti di questo conflitto vissuto da Piranesi nel modo intenso e passionale proprio del suo carattere. Quest'opera subisce, secondo la mia interpretazione, una metamorfosi particolarmente significativa. I critici generalmente concordano nel datare la prima edizione intorno al 1745. La seconda apparsa nel 1760 e poi in forma completa nel 1761, presenta non solo varianti alle tavole originarie, ma anche l'aggiunta di due nuove stampe, indicative, come cercherò di mostrare, di nuovi interessi. La distinzione tra le due edizioni delle *Carceri* mi sembra molto importante, quantunque piuttosto trascurata dalla critica. Intendo così riprendere e approfondire una mia proposta di lettura secondo la quale le *Carceri* della prima edizione costituiscono un'opera diversa da quella dell'edizione finale, non solo per lo stile, ma anche e soprattutto per il contenuto.[6] Il titolo, che nella prima edizione iniziava: *Invenzioni Capric di Carceri*, nella seconda cambia significativamente in *Carceri d'Invenzione.*

Un'analisi dei due diversi titoli può aiutare a capire quali significati volesse dare l'autore alle sue differenti versioni delle *Carceri* o almeno a capire quei significati da lui intenzionalmente dichiarati. Mi propongo così di dividere questo lavoro in due parti principali avendo riguardo ai titoli dati dall'autore stesso alle sue due edizioni. Questo per sottolinearne la separazione e metterne in rilievo la diversa ispirazione. Nella prima parte mi soffermerò su un'indagine degli elementi che si collegano più direttamente al titolo della prima edizione. Per esempio la tecnica dell'acquaforte ed i motivi che spingono Piranesi a eleggerla come

[6] Si veda S. Gavuzzo-Stewart, 'Nota sulle Carceri piranesiane', *L'arte* (1971), 15-16 (pp. 56-74). Questo articolo sviluppa un capitolo della mia tesi di laurea dell'anno accademico 1968-69, intitolata *Problemi Piranesiani.* Quando avevo già completato il presente testo sulle *Carceri* è stato pubblicato un saggio intitolato 'Piranesi teorico', in *Giovanni Battista Piranesi, la raccolta di stampe della Biblioteca Fardelliana* (Trapani, Arti Grafiche Corrao, 1996), pp. 23-44. In questo saggio sono riprodotti ampi stralci, spesso *verbatim* della mia tesi di laurea. Pertanto esistono delle somiglianze a volte estreme tra questo mio testo ed il saggio citato; tuttavia avendo io ulteriormente elaborato le idee contenute nella mia vecchia tesi, arrivo spesso oggi a delle conclusioni diverse da quelle espresse allora e riprodotte nel saggio in questione.

Fig. 1 Felice Polanzani, ritratto di G. B. Piranesi, 1750.

suo precipuo mezzo di espressione artistica e il modo originale con cui è usata nelle *Carceri.* Inoltre desidero fare una storia del significato della parola 'invenzione' e osservare il senso particolare che il vocabolo assume nelle stampe. Come pure intendo portare qualche chiarimento sul significato tradizionale del 'capriccio' e sull'uso che ne fa Piranesi. Un altro punto importante sarà un'indagine sul motivo delle 'carceri', la sua origine e i suoi possibili significati.

Gli avvenimenti storico-artistici che intercorrono tra le due edizioni fanno riconsiderare a Piranesi il significato che intende dare alle *Carceri* le quali, mentre da un lato tendono a perdere il carattere scenografico che la critica vi ha individuato, dall'altro vengono arricchite di nuovi elementi che risentono del clima illuministico. Nella seconda parte quindi mi propongo di analizzare i cambiamenti avvenuti nella stesura finale dell'opera, con particolare riguardo alle varianti ed alle aggiunte, facendo riferimento anche alle aspirazioni di Piranesi come architetto e come appassionato cultore delle antiche rovine e della storia romana. La mia attenzione si soffermerà sulle scritte latine che appaiono nell'edizione finale e che rivelano una partecipazione critica dell'autore ai problemi dibattuti all'epoca. Questi problemi hanno al loro centro la discussione sul valore della civiltà romana alla cui luce Piranesi riviveva anche le sue vicende personali, come vedremo nella stessa seconda stesura.

Anche l'immagine fisica che Piranesi voleva dare di sè è immersa in un'epoca passata. Egli si sentiva romano antico e si riconosceva nel ritratto inciso dal suo amico Polanzani come

Fig. 2 Pier Leone Ghezzi, caricatura di G. B. Piranesi, 1749.
London, British Museum (1859-8-6-126)

frontespizio per le *Opere Varie* pubblicate da Piranesi nel 1750 [fig. 1]. Qui vediamo non solo un personaggio antico che ci ricorda i suoi eroi, ma è già anch'egli, come i suoi amati reperti archeologici, trasformato in una sorta di statua in parte distrutta dal tempo, il braccio spezzato, il busto emergente da una specie di sarcofago in rovina. Il volto però non imita la pietra, ma la carne. L'immagine dell'uomo è così anche presenza viva e attuale, testimone e allo stesso tempo incarnazione dei frammenti del passato, come le ultime *Carceri* che diventano frammenti di antiche rovine e insieme testimonianze di storia ancora viva applicabili alle vicende di Piranesi e delle persone del suo mondo: presenza contemporanea nelle cose antiche. Altri però non vedevano in lui che l'apparenza e lo ritraevano, come possiamo osservare nel disegno di P. L. Ghezzi, con il parrucchino e vestito negli abiti del suo tempo, [fig. 2] in forte contrasto con l'immagine eroica che Piranesi aveva di sè.

Le due edizioni delle *Carceri* sono mostrate a confronto nelle figure da 3 a 32. Dobbiamo però notare che nella prima edizione Piranesi non aveva numerato le sue quattordici stampe e che la numerazione sarà introdotta soltanto nella edizione finale. Malgrado questo, per motivi pratici, mi riferirò alle stampe delle prime *Carceri* identificandole attraverso la numerazione che Piranesi conferirà loro in seguito.

Fig. 3 G. B. Piranesi, *Invenzioni Capric* Tavola I

Fig. 4 G. B. Piranesi, *Carceri d'Invenzione* Tavola I

Manca nella prima
edizione delle *Carceri*

Fig. 5 G. B. Piranesi, *Carceri d'Invenzione* Tavola II

Fig. 6 G. B. Piranesi, *Invenzioni Capric* Tavola III

Fig. 7 G. B. Piranesi, *Carceri d'Invenzione* Tavola III

Fig. 8 G. B. Piranesi, *Invenzioni Capric* Tavola IV

Fig. 9 G. B. Piranesi, *Carceri d'Invenzione* Tavola IV

Manca nella prima
edizione delle *Carceri*

Fig. 10 G. B. Piranesi, *Carceri d'Invenzione* Tavola V

Fig. 11 G. B. Piranesi, *Invenzioni Capric* Tavola VI

Fig. 12 G. B. Piranesi, *Carceri d'Invenzione* Tavola VI

Fig. 13 G. B. Piranesi, *Invenzioni Capric* Tavola VII

Fig. 14 G. B. Piranesi, *Carceri d'Invenzione* Tavola VII

Fig. 15 G. B. Piranesi, *Invenzioni Capric* Tavola VIII

Fig. 16 G. B. Piranesi, *Carceri d'Invenzione* Tavola VIII

Fig. 17 G. B. Piranesi, *Invenzioni Capric* Tavola IX

Fig. 18 G. B. Piranesi, *Carceri d'Invenzione* Tavola IX

Fig. 19 G. B. Piranesi, *Invenzioni Capric* Tavola X

Fig. 20 G. B. Piranesi, *Carceri d'Invenzione* Tavola X

Fig. 21 G. B. Piranesi, *Invenzioni Capric* Tavola XI

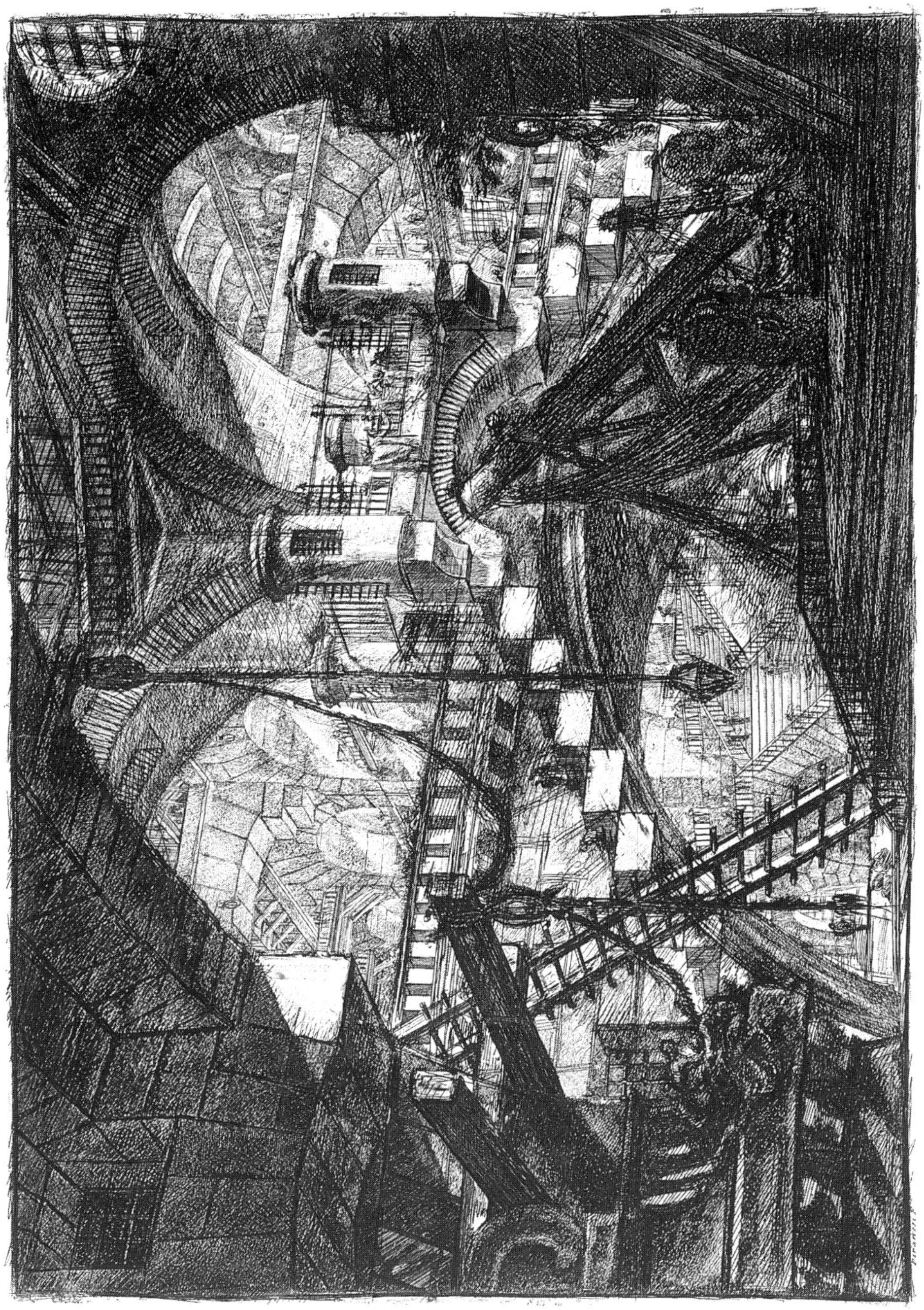

Fig. 22 G. B. Piranesi, *Carceri d'Invenzione* Tavola XI

Fig. 23 G. B. Piranesi, *Invenzioni Capric* Tavola XII

Fig. 24 G. B. Piranesi, *Carceri d'Invenzione* Tavola XII

Fig. 25 G. B. Piranesi, *Invenzioni Capric* Tavola XIII

Fig. 26 G. B. Piranesi, *Carceri d'Invenzione* Tavola XIII

Fig. 27 G. B. Piranesi, *Invenzioni Capric* Tavola XIV

Fig. 28 G. B. Piranesi, *Carceri d'Invenzione* Tavola XIV

Fig. 29 G. B. Piranesi, *Invenzioni Capric* Tavola XV

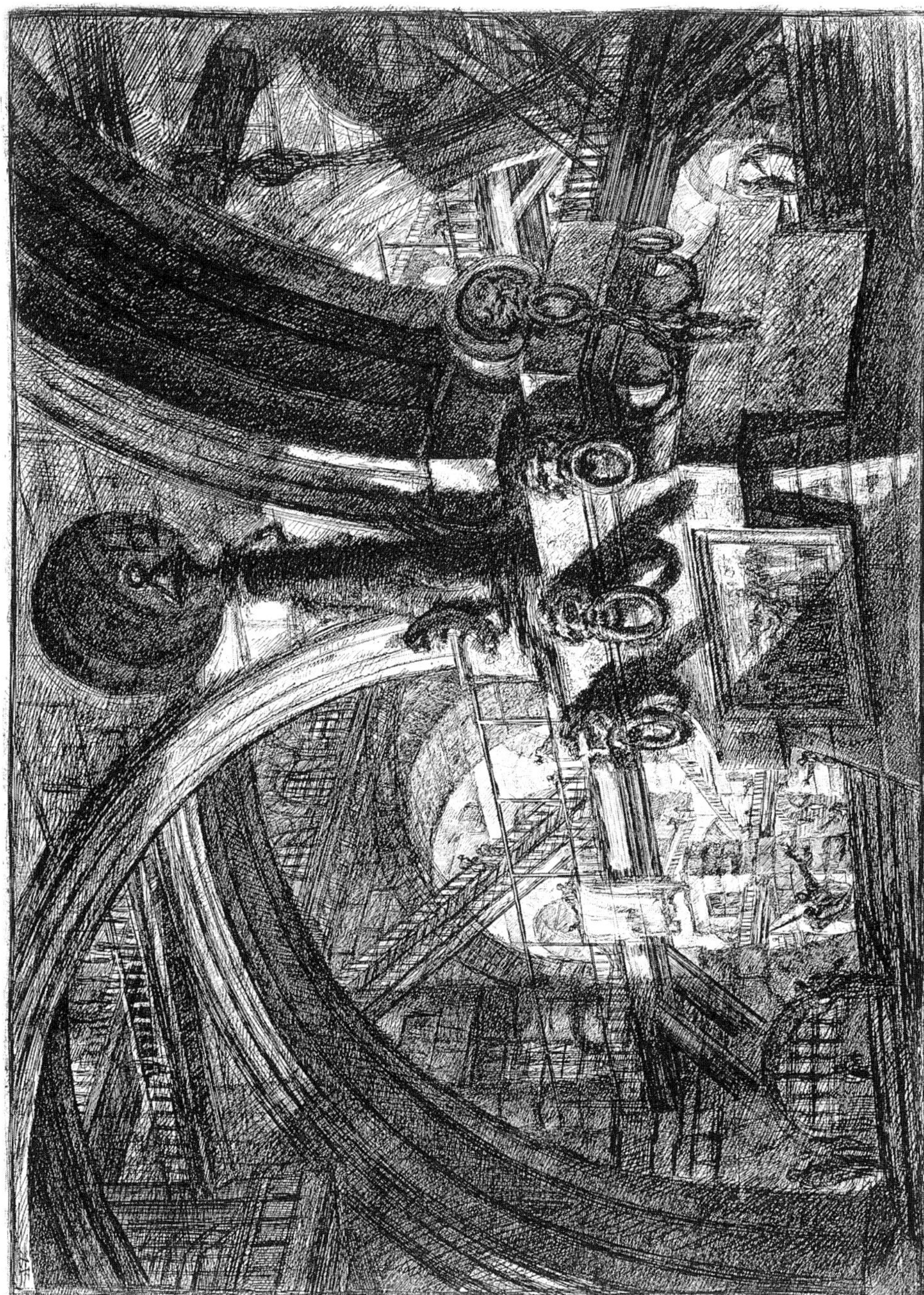

Fig. 30 G. B. Piranesi, *Carceri d'Invenzione* Tavola XV

Fig. 31 G. B. Piranesi, *Invenzioni Capric* Tavola XVI

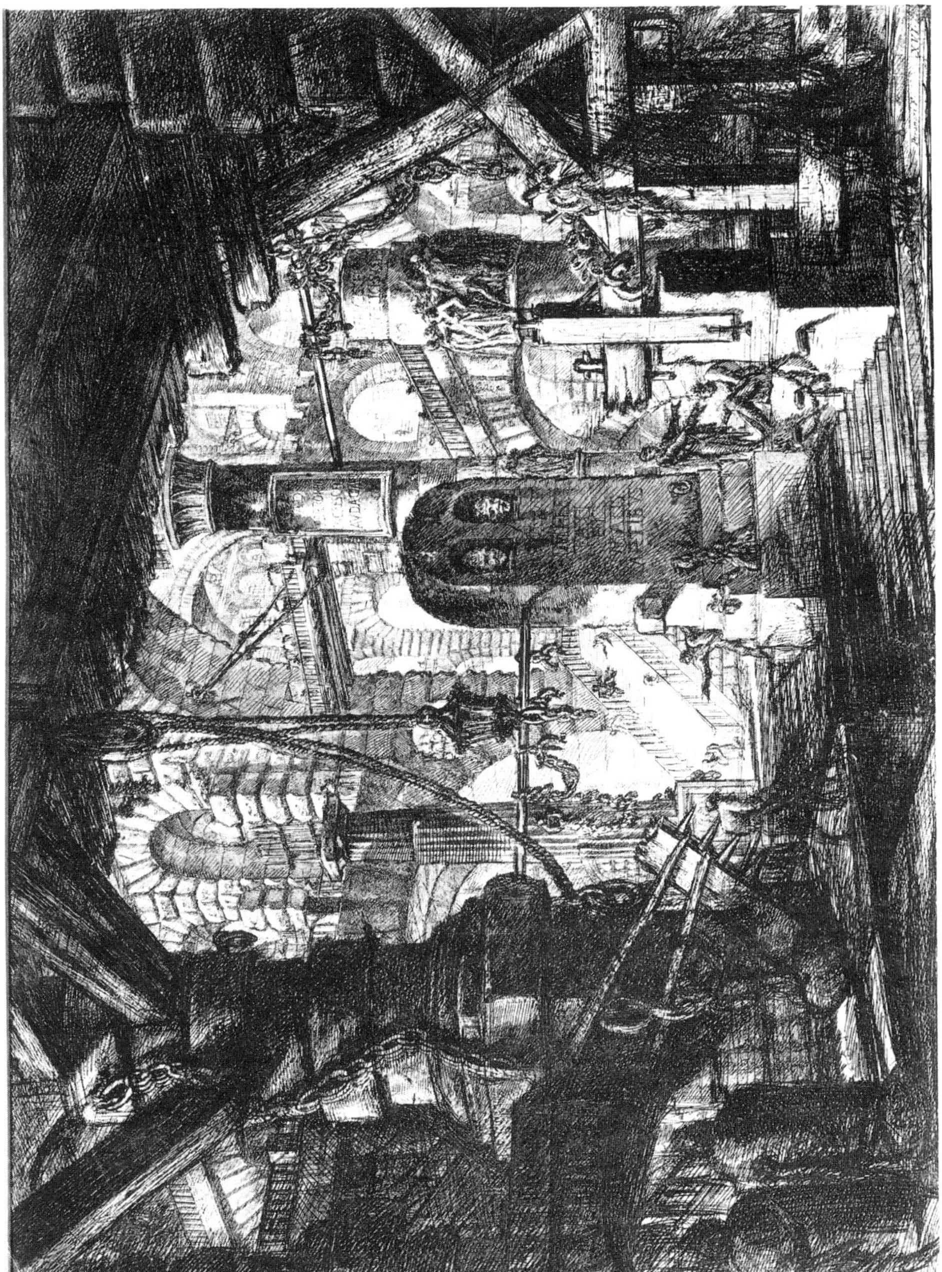

Fig. 32 G. B. Piranesi, *Carceri d'Invenzione* Tavola XVI

PARTE PRIMA

'Invenzioni Capric Di Carceri All Acqua Forte'

CAPITOLO I
L'acquaforte: la tecnica di Piranesi

Solo nella prima edizione delle *Carceri* troviamo nel titolo: *Invenzioni Capric di Carceri all Acqua Forte*, la spiegazione cioè della tecnica con cui le stampe sono state eseguite [fig. 3]. Nella seconda edizione infatti, la dicitura '*all Acqua Forte*', scompare [fig. 4]. Forse c'è un elemento di orgoglio da parte del giovane Piranesi nel pubblicare un'opera che vanta una tecnica non solo appresa relativamente da poco, ma in cui riesce a combinare il segno svelto e suggestivo del pittore con il metodo lento e preciso richiesto nell'incisione ad acquaforte.

L'acquaforte richiede infatti varie fasi di preparazione: per cominciare quella della lastra di metallo, che nel caso di Piranesi è il rame. Il metallo è poi ricoperto da uno strato di cera o di vernice, questo per proteggere la lastra dall'azione corrosiva dell'acido (l'acqua forte). La vernice viene affumicata; il suo annerimento renderà più evidente il disegno da tracciarvi sopra. Il disegno si esegue quindi sullo strato protettivo della lastra avendo cura di non scalfirla, perchè è solo all'acido che si affida il compito di corrodere il metallo e di creare il disegno. L'incisore può fare uso di punte di varie misure e il segno risulta più o meno largo in relazione allo spessore della punta usata nel rimuovere la vernice. Se si vuole evitare che alcune parti, quelle che si desiderano più chiare, siano incise troppo profondamente, queste vengono coperte di nuovo con la vernice e in questo modo attraverso diverse coperture seguite da diversi bagni nell'acido, si otterranno segni di varia profondità e quindi effetti di varia tonalità. Quando la lastra sarà poi pulita e l'inchiostro avrà occupato gli incavi del metallo, questa sarà pronta per la stampa. Un foglio di carta inumidita posto sulla matrice, una volta pressato dal torchio, assorbirà l'inchiostro e il disegno inciso sulla lastra vi apparirà in immagine speculare. Le stampe inoltre possono presentare vari stati: si parla di stati, con termine tecnico dell'arte grafica, in relazione alle modifiche subite dalla stampa in seguito alle alterazioni apportate alla matrice. Per le *Carceri* di Piranesi si può parlare di due stati principali che coincidono con le due edizioni menzionate; esistono però altri stati che mostrano varianti minori su cui tuttavia non è mia intenzione soffermarmi.

L'incisione era il mezzo di cui si avvalevano tradizionalmente gli architetti per diffondere disegni di edifici. A Piranesi, che aveva avuto un'educazione nel campo dell'architettura, la tecnica doveva essere familiare. Il tipo di incisione usata dagli architetti mirava ad un effetto chiaro e quasi impersonale, ad una visione per quanto possibile oggettiva delle costruzioni presentate al pubblico. Ma lo stile di incisione adottato da Piranesi nelle *Carceri*,

Fig. 33 G. B. Piranesi, Ponte magnifico, da: *Prima Parte*, 1743

ha ben poco di quella accuratezza dimostrativa presente invece nelle stampe da lui pubblicate nel 1743, che contengono esempi di architetture possibili in un mondo per lui ideale [fig. 33]. C'è qualcosa di profondamente originale e di non ortodosso per un architetto, nella tecnica usata da Piranesi in alcune delle sue stampe [fig. 34] e nelle *Carceri* in particolare. Di questa mancanza di ortodossia sentiamo un'eco, più o meno forte, nei resoconti dei suoi primi biografi dove Piranesi, o per ragioni di carattere personale o per la sua forte vocazione pittorica, è in qualche modo ritenuto non adatto ad esprimersi attraverso la tecnica dell'acquaforte.

> Innamorossi tutt'a un tratto dell'arte d'incidere in rame, e andò ad impararla dal Cavalier *Vasi* Siciliano domiciliato in Roma, e quì pure fece passi rapidissimi. [...] Accorgendosi dappoi il Piranesi, che l'incisione di queste sue fatiche non era molto plausibile il naturale suo sospettoso gli fece credere, che ciò nascesse dal *Vasi*, che per gelosia gli nascondesse il vero segreto di dar l'acqua forte. Infuriatosi un giorno volle ammazzare il maestro, che con buone maniere lo placò, ma liberò la sua scuola il più presto che potè da un discepolo così pericoloso, ringraziandone ben di cuore Iddio. (Bianconi, pp. 127-28)

Questo è il modo in cui il primo biografo di Piranesi ci presenta il travagliato rapporto dell'artista con la tecnica da lui scelta e con il suo maestro Vasi. Il malevolo Bianconi come al solito sottolinea l'aspetto impulsivo e violento che starebbe sempre alla base delle azioni di Piranesi. Ma la rivalità tra allievo e maestro suona come una storia già sentita, ricorrente nelle biografie degli artisti. Il racconto del tentato assassinio ricorda tra l'altro il falso episo-

Fig. 34 G. B. Piranesi, Magnifico Porto, da: *Opere Varie*, 1750

dio, narratoci anche da Vasari, dell'uccisione del mite Domenico Veneziano, ritenuto il detentore del segreto della pittura ad olio, da parte del geloso Andrea del Castagno, morto in realtà alcuni anni prima della sua presunta vittima. Piranesi è accusato solo di tentato omicidio, ma in ogni caso il movente non convince. È difficile infatti, paragonando le incisioni di Vasi con quelle di Piranesi, indiscutibilmente più pregevoli, capire quale fosse questo segreto dell'acquaforte che secondo Piranesi (nel racconto di Bianconi), Vasi non avrebbe voluto rivelargli.

La versione dataci da Legrand getta una luce diversa sui rapporti tra il maestro e l'allievo, malgrado il fatto che anche nelle parole del più tardo biografo si intuisca sempre un certo contrasto tra i due artisti basato ancora una volta sulla questione della tecnica dell'acquaforte: 'Piranesi lo vide lavorare, volle essere suo allievo, e lo volle così fortemente che non soltanto Vasi non potè rifiutare, ma che dopo sei mesi l'allievo era già più abile del maestro. Non potendo ottenere che poca pazienza dalla sua foga, così gli diceva sempre: *Siete troppo pittore, amico mio, per diventare mai incisore*'.[1]

[1] 'Piranesi le vit travailler, voulut être son élève, et le voulut si fortement que non seulement Vasi ne put s'en deffendre, mais qu'après six mois l'élève était déjà plus habile que le maitre. A la patience près que Vasi ne pouvait obtenir de sa fougue, aussi lui disait-il toujours: Vous êtes trop peintre, mon ami, pour être jamais graveur' (Legrand, p. 223).

Si potrebbe pensare che l'impazienza e la troppa foga possano essere un ostacolo in ugual misura sia per il pittore sia per l'incisore. Qual è allora in realtà il significato di questa accusa? Quali sono le qualità del pittore in contrasto con quelle dell'incisore? La risposta non è così ovvia, infatti esistono molti esempi di pittori che sono e sono stati anche insigni incisori, da Dürer a Parmigianino, da Rembrandt a Salvator Rosa, da Canaletto a Tiepolo. L'accusa rivolta a Piranesi di essere troppo pittore si dovrà allora riferire non tanto alla lenta cura con cui avrebbe dovuto fare uso dell'acido per l'incisione dei rami, quanto al tipo di segno da lui usato non sempre adatto al genere di stampe prodotte nello studio dell'architetto Vasi. Stampe che volevano essere un fedele ritratto dei luoghi rappresentati e che per questo avevano bisogno di un tratto sicuro, preciso e in qualche modo anonimo.

Legrand descrive la tecnica di Vasi come: 'un metodo di incisione a un solo intaglio che gli era peculiare'.[2] Anche Piranesi sarà apprezzato dai suoi contemporanei per fare uso dello stesso metodo di incisione a un solo intaglio. (Legrand, p. 228, nota 39) Bisogna però dire che questa era la tecnica da lui riservata soprattutto per quelle stampe di carattere documentario che avevano come primo scopo, come spiega ancora una volta Legrand, di permettere ai molti viaggiatori: 'di portar via da Roma con loro l'immagine di monumenti che li avevano tanto commossi, e il mezzo di comunicare le medesime emozioni a tutti quelli che infervorati da racconti stimolanti e godendo in anticipo di quello che avrebbero visto, concepivano subito il progetto di un viaggio in Italia'.[3]

Ma la serie delle *Carceri* non ha questo fine pratico illustrativo e il metodo con cui è eseguita riflette un diverso tipo d'ispirazione. Legrand ci dà una descrizione interessante e dettagliata della tecnica usata normalmente da Piranesi nell'incisione dei suoi rami. Ci spiega come l'artista rimuova segmenti paralleli di vernice solida dalla superficie del rame e come eviti di far incrociare le linee. Ci descrive la cura con cui questi segni varino di senso seguendo la direzione della prospettiva di ciascun particolare per fare così assumere ad ogni parte un effetto per quanto possibile tridimensionale e per far si' che la composizione nel suo insieme acquisti illusione di profondità; ci dice anche di come faccia uso di punte di spessore diverso, grosse per gli scuri profondi dei primi piani, sottili per i cieli e gli spazi lontani; e di come per ottenere una vasta gamma di toni, Piranesi sia capace di ripetere la morsura nell'acquaforte fino a dodici volte, avendo cura mano a mano di coprire con la vernice le parti destinate ad avere un tono meno scuro. Ci fa notare come le figure umane e gli oggetti siano delimitati non da una linea di contorno, ma dalla luce che si crea ai loro margini, là dove si è arrestata l'azione corrosiva dell'acido a cui sono venuti a mancare i suoi canali da scavare. Infatti Piranesi, memore dell'antico insegnamento di cui Leonardo era stato autorevole maestro, evita spesso le linee di contorno.

Queste accurate informazioni di Legrand trovano riscontro nella maggior parte dell'opera di Piranesi e la *Carcere oscura con Antenna pel suplizio de' malfatori*, [fig. 35] isolato preannuncio del tema che lo coinvolgerà più tardi, pubblicata nella *Prima Parte*

2 '[U]ne méthode de gravure à une seule taille qui lui était particulière' (Legrand, p. 223).

3 '[D']emporter de Rome avec eux l'image des monumens qui les avaient tant émus, et le moyen de communiquer les mêmes émotions à tous ceux qui échauffés par des rècits piquans et jouissans d'avance de ce qu'ils allaient voir, formaient aussitôt le projet d'un voyage en Italie' (Legrand, p. 240).

di Architetture e Prospettive nel 1743, può essere considerata come un buon esempio della tecnica descritta dal biografo francese. D'altra parte bisogna dire che di questa tecnica non c'è che un'eco molto lontana nella serie delle *Carceri*, particolarmente nella sua prima stesura che non mostra alcun fine pratico illustrativo.

Qui invece di trovare linee parallele, vediamo che i segni frequentemente si incrociano, preparando così un effetto chiaroscurale già visibile sulla superficie della lastra prima dell'intervento dell'acido, rendendo quindi superfluo l'uso ripetuto dell'acquaforte. E infatti le morsure, nella prima edizione delle *Carceri*, sono molto parsimoniose. Se qui c'è un uso limitato di linee parallele che seguono la direzione della prospettiva, troviamo però un'abbondante varietà di segni che mira piuttosto ad identificare la materia di cui son fatte le cose conferendo loro una specifica qualità tattile. Qui si avverte una mano veloce, un segno rapido che lascia molti punti appena accennati, con quella vaghezza tipica degli schizzi. Insomma qui troviamo lo sfogo del disegnatore e del pittore e non la 'pedanteria' dell'architetto.

Forse i brevi viaggi di ritorno a Venezia nel 1744 ed ancora nel 1747 avevano aiutato Piranesi a liberarsi da quelle restrizioni espressive che lo avevano in parte soggiogato nell'ambiente dei topografi, degli architetti e degli antiquari romani,[4] restrizioni visibili nelle sue stampe del 1743. Le fonti ci parlano di un periodo passato nello studio del grande pittore Tiepolo. Questi non aveva dedicato all'incisione molto della sua attività artistica, a lui si devono infatti poco più di una trentina di incisioni, di cui le dieci stampe dei *Capricci* eseguite probabilmente intorno al 1739 e le ventiquattro degli *Scherzi di fantasia* probabilmente degli anni quaranta. Senza dubbio il suo segno franco e veloce che rivela la mano del pittore, deve aver avuto un effetto profondo e liberatorio su Piranesi. Ed è sempre a Venezia che dall'esempio di pittori e incisori come Marco Ricci, già morto però nel 1730, e Canaletto, Piranesi può imparare come essere pittore e incisore insieme, cosa che l'architetto Vasi non poteva insegnargli.

Piranesi, a differenza degli artisti appena citati rinuncia alla pittura, tuttavia riesce ad esprimere la sua vocazione di disegnatore originale e di pittore, mediante l'incisione e questo è particolarmente vero nella serie delle *Carceri* che pur attraverso questa tecnica conservano, soprattutto nella prima edizione, caratteristiche proprie degli schizzi. L'interesse di Piranesi per il disegno e la pittura è ampiamente testimoniato dai suoi biografi. Bianconi con il suo tono piuttosto condiscendente e sarcastico ci spiega che Piranesi: 'quando voleva innalzarsi, e darsi quasi all'eroico disegnava cose mangiative, come sarebbero pezzi di carne da macello, teste di porco, o di capretto; bisogna però confessare, che faceva tali cose maravigliosamente bene' (Bianconi, p. 128).

Secondo Legrand, a Roma, a contatto con i pittori dell'Accademia di Francia, Piranesi: 'acquistò con loro la pratica di un disegno largo e facile, e quella maniera rapida di esaminare gli oggetti per renderli poi con il sentimento e la vita senza i quali tutto è freddo, sterile, e niente commuove, piace e affascina'.[5]

4 Sul viaggio a Venezia del 1747 si veda Puppi, p. 262.

5 '[A]cquit avec eux la pratique d'un dessin large et facile, et cette manière rapide d'envisager les objets pour les rendre ensuite avec le sentiment et la vie sans lesquels tout est froid, stérile, et rien n'émeut, ne plaît et ne charme' (Legrand, p. 222).

Fig. 35 G. B. Piranesi, Carcere oscura, da: *Prima Parte*, 1743

Fig. 36 Giuseppe Galli Bibiena, Carcere, disegno a penna.Vien, Albertina (115, 384)

Entrambi i primi biografi, oltre a menzionare i disegni di Piranesi, di cui circa quattrocento sono arrivati fino a noi, si soffermano sulla sua attività pittorica. Malgrado non ci sia pervenuta alcuna sua opera di pittura sicuramente attribuibile, sappiamo dalle fonti come il dipingere costituisse un'importante occupazione del giovane artista. G. L. Bianconi ci dice come Piranesi: 'andò a studiare la pittura a Napoli, quasi che per formare un giovane Pittore Luca Giordano, e il Solimene valessero più di Tiziano, e di Raffaello. Napoli in breve gli divenne anch'esso insopportabile, perché il Piranesi non era nato pittor di figure, né v'era scuola capace a farlo divenir tale' (Bianconi, p. 129).

Secondo J. G. Legrand, sarà proprio a Napoli che Piranesi prenderà la decisione di dedicarsi completamente all'incisione, ma egli concorda con il Bianconi nell'associare Napoli anche con gli interessi di Piranesi per la pittura.

> Spesso provava il desiderio di riprendere la pittura che aveva già praticato alla maniera di *Benedetto Castiglione*, di *Piazzetta*, del *Tiepolo*, e di Canaletto [...], perchè ci si ricorderà che in questa scuola veneta si comincia col maneggiare il colore ed è con il solo pennello che si impara a disegnare. Il ricordo dei bei quadri di Tiziano, di Rembrandt, di Tintoretto, di Paolo Veronese, del Caravaggio e del Guercino che l'avevano colpito nelle ricche e numerose collezioni d'Italia lo inseguiva senza tregua, egli cercava invano a Roma un maestro vivente che avesse questa forza di colore e d'effetto, ma allora non ce n'era nessuno. Andò allora a Napoli con Corradini, e vi studiò la maniera diligente e viva di *Luca Giordano*, soprannominato *fa presto* [6]

Il racconto continua con la descrizione di una 'circostanza particolare' che avrebbe convinto Piranesi ad abbandonare la pittura e a dedicarsi esclusivamente all'arte incisoria. Questa circostanza si riferisce all'incontro di Piranesi con il direttore del Museo di Portici, che affascinato dalla maestria con cui Piranesi trattava l'architettura nelle sue tavole di prospettive teatrali, gli avrebbe consigliato: 'di darsi esclusivamente a questo genere e di cominciare a dedicarsi alle antichità romane che rese in tal modo non potevano fare a meno di avere un gran successo'.[7]

Probabilmente anche altre considerazioni poterono contribuire a fare abbandonare a Piranesi la pittura e ad abbracciare invece l'incisione. Qualcuna di queste ci viene fornita dall'artista stesso nella dedica a Nicola Giobbe della *Prima Parte di Architetture e Prospettive* del 1743. Qui vediamo che la scelta dell'incisione è un mezzo per realizzare e, cosa molto importante, diffondere attraverso la stampa in grande quantità, l'irrealizzabile. Infatti in questa dedica Piranesi lamenta il fatto che non si possano più mettere in opera le grandiose

6 'Souvent il avait le désir de reprendre la peinture qu'il avait déjà pratiquée dans la manière de Benedetto Castiglione, de Piazette, du Tiepolo, et de Canaletto [...], car on se rapellera que dans cette école vénitienne on commence par manier la couleur, et c'est avec le pinceau seul que l'on apprend à dessiner. Le souvenir des beaux tableaux du Titien, de Reimbrant, du Tintoret, de Paul Véronèse, du Caravage et du Guerchin qui l'avaient frappé dans les riches et nombreuses collections d'Italie le poursuivait sans cesse, il cherchait vainement à Rome un maître vivant qui eut cette force de couleur et d'effet il n'y en avait point alors. Il fit donc le voyage de Naples avec Coradini, il y étudia la manière diligente et vive de Luc Giordano, surnommé *fa presto*' (Legrand, p. 224).

7 '[D]e se livrer exclusivement à ce genre et d'entreprendre les antiquités romaines qui ainsi rendues ne pouvaient manquer d'avoir un grand succès' (Legrand, p. 224).

imprese architettoniche di cui sono ancora testimoni le 'parlanti ruine'. La 'colpa' è da attribuire o al povero stato dell'architettura decaduta dai tempi gloriosi dell'antica Roma o all'assenza 'di quelli che farsi dovrebbono Mecenati'. Così le circostanze avverse non permettono che queste architetture grandiose esistano altro che come 'invenzioni' sulla carta, in questo modo però si liberano da ogni costrizione di tipo pratico ed economico:

> altro partito non veggo restare a me, e a qualsivoglia altro Architetto moderno, che spiegare con disegni le proprie idee, [...] per sottrarla [l'Architettura] altresì dall'arbitrio di coloro, che i tesori posseggono, e che si fanno a credere di potere a loro talento di disporre delle operazioni della medesima. Per questo fine io ho proccurato in questo mio soggiorno in questa gran Metropoli d'accoppiare alle cognizioni, che qualunqu'elle sieno ho acquistate d'Architettura l'arte di disegnare non solo le mie invenzioni, ma d'intagliarle ancora nel rame.[8]

Il disegno originale è quello che sta veramente a cuore a Piranesi, nel disegno è contenuta l'idea, l'invenzione; l'incisione a questo punto della sua vita, più che come tecnica in sé affascinante e da esplorare, sembra interessargli soprattutto come mezzo di riproduzione delle invenzioni. Legrand ci dice che Piranesi: 'Metteva poi l'acquaforte con una cura e una pazienza delle quali non lo si sarebbe creduto capace, coprendo mano a mano le parti da attenuare e, per alcune tavole, ripassando così fino a dieci, a dodici volte. *Andiamo con calma*, si diceva, *ho fatto tremila disegni in una sola volta*'.[9] La scelta dell'acquaforte, i tremila disegni alla volta, significano una conquista di libertà e di potere, una profonda soddisfazione per chi può vedere moltiplicati progetti irrealizzabili. Per il pittore e il disegnatore la lastra prende il posto della tela o del foglio. Legrand continua:

> Piranesi non faceva dei disegni finiti, un grosso tratto alla sanguigna, sul quale ritornava poi con la penna o con il pennello e soltanto in alcune parti gli bastava per fermare le sue idee, ma è quasi impossibile distinguere quello che egli credeva fissare così sulla carta, non è che un caos di cui lui districava solo gli elementi sul rame con un'arte ammirevole. Il pittore Robert con il quale qualche volta disegnava dal vero e che era così bene in grado di apprezzare il suo talento, non concepiva che si potessero fare degli schizzi così poco definiti, *Piranesi*, vedendo il suo stupore, gli diceva: *il disegno non è sulla mia carta, ne convengo, ma è tutto intero nella mia testa, e lo vedrete nella tavola.*[10]

[8] G. B. Piranesi, *Prima Parte di Architetture e Prospettive inventate ed incise da Gio. Batta Piranesi Architetto Veneziano dedicate al Sig. Nicola Giobbe* (Roma, Pagliarini, 1743).

[9] '[M]ettait ensuitte l'eau forte avec un soin et une patience dont on ne l'eut cru capable, couvrant à mesure les parties à dégrader et revenant ainsi jusq'à dix à douze fois pour certaines planches: Allons doucement, se disait-il, j'est fait trois mille dessins à la fois' (Legrand, p. 232).

[10] 'Piranesi ne faisait point de dessins finis, un gros trait à la sanguine, sur lequel il revenait ensuite avec la plume ou le pinceau et par parties seulement lui suffisait pour arrêter ses idées, mais il est presque impossible de distinguer ce qu'il croyait fixer ainsi sur le papier, ce n'est qu'un chaos dont il démêlait seul les éléments sur le cuivre avec un art admirable. Le peintre Robert avec lequel il dessinait quelques fois d'après nature, et qui était si bien en état d'apprécier son talens, ne concevait pas ce qu'on pouvait faire de croquis aussi peu arrêtés; Piranesi, voyant son étonnement, lui disait: *le dessin n'est pas, sur, mon papier, j'en conviens, mais il est tout entier dans ma tête, et vous le verrez par la planche*'. (Legrand, p. 231).

Legrand ritorna sullo stesso argomento ancora una volta verso la fine della sua biografia chiarificando ulteriormente l'atteggiamento di Piranesi nei confronti della tecnica da lui adottata: 'se gli si domandava perchè non facesse dei disegni più completi, e dove tutte le ombre fossero rappresentate? *Non mi piacerebbe per niente, rispondeva, non vedete che se il mio disegno fosse finito la mia tavola non diventerebbe altro che una copia; al contrario quando creo l'effetto direttamente sul rame ne faccio un originale*'.[11] Ecco quindi come la lastra, anche se matrice di molte copie, diventa nelle intenzioni di Piranesi un originale, l'equivalente di un quadro o di un disegno.

Se lo schizzo sulla carta veniva poi integrato e finito sulla lastra, le *Carceri* però neanche sulla lastra raggiungono quel grado di completezza normalmente attuato da Piranesi nelle sue incisioni e che è più connaturato alla stessa tecnica. Quindi anche se è vero che il disegno originale è quello che sta a cuore a Piranesi e che la maggior parte dei suoi schizzi sono concepiti direttamente per la lastra con lo scopo preciso di essere incisi e riprodotti, si può dire però che per la serie delle *Carceri*, soprattutto nella prima edizione, l'incisione e la riproduzione siano fattori accessori. Delle *Carceri* abbiamo infatti numerosi disegni preparatori ed altri che, pure se non si possono direttamente collegare con la serie stampata, tuttavia ne condividono molte caratteristiche. Come interpretare questa anomala abbondanza di disegni su carta sul tema delle *Carceri*?

A mio parere le *Carceri* nascono, seguendo una tradizione di cui parlerò in seguito, soprattutto come disegni, sono pensate come tali e ad esse come elemento aggiunto e non proprio connaturato, viene applicata la tecnica a cui Piranesi aveva deciso di dedicarsi completamente e a cui aveva affidato il compito di divulgare le sue invenzioni. Nelle *Carceri* quindi, più che in molte altre sue opere, Piranesi non rinuncia alla sua vocazione per la pittura e piega la tecnica ai suoi interessi di pittore drammatico che nei contrasti di luce e ombra trova la sua espressione più piena.

[11] '[S]i on lui demandait pourquoi il ne faisait pas de dessins plus terminés, et où toutes les ombres fussent exprimées? *J'en serais bien fachè, répondait-il, ne voyez-vous pas que si mon dessin était fini ma planche ne deviendrait plus qu'une copie; lorsqu'au contraire je crée l'effet sur le cuivre, j'en fait un original*' (Legrand, p. 246).

CAPITOLO II

Le 'invenzioni'

Esaminando il frontespizio della prima edizione delle *Carceri* notiamo chiaramente che l'enfasi data alla parola *Invenzioni* è molto forte, non solo dal punto di vista verbale, posta com'è all'inizio del titolo, ma anche perchè visivamente appare isolata ed è l'unica ad essere messa in posizione centrale nella grande cornice classicheggiante [fig. 3].

Anche le architetture e prospettive della *Prima Parte*, esordio artistico del ventitreenne Piranesi, si dichiaravano 'inventate'. In quest'opera la parola, come si desume dalla dedica del giovane artista a Nicola Giobbe, assumeva il valore polemico di ideazioni grandiose, contrapposte alla meschina realtà dell'architettura del tempo; ideazioni che non potevano trovare esecuzione, data la pochezza degli animi e la parsimonia dei committenti.

Nel mondo utopico della *Prima Parte di Architetture e Prospettive*, trovava posto, come sappiamo, anche una tavola contenente una minuziosa e minacciosa didascalia: *Carcere oscura con Antenna pel suplizio de' malfatori. Sonvi da lungi le Scale, che conducono al piano, e vi si vedono pure all'intorno altre chiuse Carceri* [fig. 35].

Al tema del carcere, in questo contesto di architetture auliche e magniloquenti, è dedicata una sola tavola: la città ideale concepita da Piranesi sembra completa con l'inserimento di questo carcere. La *Carcere oscura* appare come luogo unico, ma, come dice l'autore, *vi si vedono pure all'intorno altre chiuse Carceri.* Esistono qui i segnali premonitori di un moltiplicarsi del tema delle carceri che vedremo realizzato pochi anni più tardi in una serie completa. L'idea iniziale è andata a formare come un'intera nuova città, non trionfante, come quella che vediamo nelle incisioni della *Prima Parte*, ma lugubre, tuttavia anch'essa in qualche modo ideale.

Le *Invenzioni Capric di Carceri* fanno parte dello stesso filone della *Prima Parte di Architetture e Prospettive Inventate*, come sosteneva lo stesso Piranesi che, nella copia Barberini delle *Antichità Romane*, nel dare una lista delle opere da lui fino ad allora pubblicate scrive: *Prospettive inventate sulla maniera degli antichi Romani* e, poco più sotto, *Carceri parimente d'invenzione.*[1] Ma si direbbe che qui, per questa enfasi sulla parola, più nettamente che nell'opera precedente, si manifesti il desiderio di sottolineare il fatto che si tratta di *Invenzioni*.

[1] Si veda G. B. Piranesi, Le *Antichità Romane* (Roma, Bouchard e Gravier, 1756), copia Barberini, Biblioteca Apostolica Vaticana.

Per il momento trascurerò di esaminare la parola non finita *capric*, che qualifica questo tipo di 'invenzioni', per indagare soltanto sul significato del termine invenzione. Sicuramente questo presenta delle ambiguità per i suoi possibili molteplici significati. Possiamo restringerne il numero se ci atteniamo all'ambito della cultura artistica, dove vediamo che nel campo delle arti visive ed in particolare della grafica, esistevano opere, già nel Cinquecento, raccolte sotto il titolo di *Invenzioni*. Piranesi si riallaccia dunque ad un particolare genere artistico con delle caratteristiche ben definite. Per spiegare quali esse siano vorrei iniziare facendo notare che esiste una evidente connessione tra i termini *Invenzioni*, *inventor*, ed *invenit*, tutti usati nell'arte grafica.

Già in una fase molto antica della storia della stampa, possiamo trovare segnalata la presenza di un *inventor*; in questo modo, per esempio si firmano Raffaello o Tiziano in alcune delle loro incisioni. L'*inventor* è la persona che *invenit*, altro termine comune nell'arte della stampa, coniato sul modello, come mi sembra probabile, della terza persona di *pinxit, fecit*, ecc., già usato in pittura. È chiaro che le 'invenzioni' sono il frutto di un *inventor* che *invenit*. Quello che però non è altrettanto chiaro è quale genere di opere richiedano un *inventor*, ossia una persona che *invenit*.

Ora, come sappiamo, la tecnica dell'incisione richiede una serie di processi diversi di cui l'ultimo è la stampa. È noto che questi processi diversi possono essere eseguiti da una sola persona o da più persone. In entrambi i casi i vari ruoli giocati nella produzione di una stampa sono in genere indicati nella parte inferiore del foglio. Così, per dare un esempio, l'incisore è colui che *sculp(sit)* o *incidit* o con termine più generale *f(ecit)*; il disegnatore (infatti per la stampa ci si serve quasi sempre di un disegno), colui che *del(ineavit)*, ma nel caso la stampa derivi da un'opera pittorica ci si può riferire all'autore del dipinto come a colui che *pinxit*.

Tutti questi termini ed altri, come la parola *invenit*, sono spiegati in manuali moderni che trattano delle tecniche d'incisione. Essendo *invenit* un termine così strettamente connesso con le 'invenzioni', lo possiamo prendere come chiave interpretativa di queste ultime. Anche perchè nelle incisioni più antiche, prima che come titolo generale, cioè come *Invenzioni*, è *invenit* che si trova sulle singole stampe. E sono solo le stampe che abbiano richiesto qualcuno che *invenit* che possono intitolarsi *Invenzioni*. Per cominciare quindi vorrei considerare il significato generalmente dato a *invenit*. Come dice per esempio Hind: '*invenit* [...] è anche [come *delineavit*] usato in riferimento all'autore del disegno'.[2] La definizione di Hind concorda con quella di F. Weitenkampf: '*Inv.*, *invenit*, *inventor* designa l' "*inventor*" ossia l'autore del disegno della rappresentazione'.[3] In un libro più recente troviamo ancora una volta una definizione molto simile: '*Inv. invenit* (Lat. egli lo inventò) spesso appare su un'incisione per indicare l'autore originario del disegno'.[4]

2 '*invenit* [...] being also used in reference to the author of the design': A. M. Hind, *A History of Engraving & Etching* (New York, Dover Publications, 1963, prima edizione 1923), p. 16. L'argomento di questo capitolo sulle 'invenzioni' è già stato da me in parte trattato in 'Sull'uso di *invenit* nelle stampe', *The Italianist*, 10 (1990), 103-10.

3 '*Inv.*, *invenit*, *inventor* mark the "*inventor*" or designer of the picture': F. Weitenkampf, *How to Appreciate Prints* (London, Grant Richards, 1909), p. 278.

4 '*Inv. invenit* (Lat. he invented it) often appears on an engraving as the credit title of the original author of the design': P. & L. Murray, *Dictionary of Art & Artists* (Harmondsworth, Penguin Books, 1976, prima edizione 1959), p. 232.

Gli esempi potrebbero continuare, ma quello che mi interessa notare è come queste definizioni concordino e come, anche se sostanzialmente corrette, siano però incomplete. In realtà nelle spiegazioni date della parola *invenit*, mi sembra che una sua importante accezione sia trascurata. L'*inventor* è sì la persona che ha fatto la 'trovata', che ha ideato il tema da rappresentare, ma il termine non si usa a proposito di un tema qualsiasi, esso deve riferirsi a certi temi che hanno caratteristiche specifiche. Se infatti guardiamo una stampa che rappresenti un paesaggio preso dal vero, o una veduta urbana 'reale' oppure un ritratto (a meno che questo non intenda andare al di là della semplice riproduzione dei tratti fisionomici, come per esempio un ritratto inserito in un contesto ornamentale allegorico), in questo tipo di stampa non si troverà menzione di un *inventor*. L'*inventor* per essere tale deve basare la sua 'invenzione' su qualche cosa che scaturisca dalla sua mente e che non esista già in quella forma o in quella composizione visiva, nella realtà esterna. 'Invenzione' si contrappone qui a pratica imitativa. È nella sua facoltà di pensiero che l'artista 'trova' e 'inventa' le sue composizioni.

Invenit dunque designa una particolare attività mentale dell'autore originario. Per questa ragione, sia egli l'incisore stesso, o sia l'incisione dovuta ad altra persona, soltanto nelle stampe che rappresentino opere chiamate *capricci o fantasie o invenzioni*, progetti architettonici o soggetti di tipo allegorico o religioso o storico o narrativo, un soggetto insomma che abbia richiesto all'artista originario la visualizzazione di concetti, e non la mera copia del mondo esterno, si può trovare la parola *inv(enit)* o un riferimento ad un *inventor*.

A questo punto è possibile porsi diverse domande, che mi limiterò a formulare, senza cercare di dare a tutte una risposta esauriente. Quando nasce e perchè l'uso dell'*invenit* nelle stampe? Inoltre in che rapporto è questa parola con la antica *inventio* dell'arte retorica? Altro aspetto rilevante da indagare sarebbe quello del cambiamento di significato e di valore attribuito all'*invenit* nei secoli, inevitabilmente legato alla fortuna di concetti come novità ed originalità, verità e razionalismo. Ed infine, perchè si è generalmente perso ai nostri giorni il significato esatto del termine nell'ambito della grafica? Accennerò qui di seguito ad alcune considerazioni di cui si potrà tener conto nel cercare di affrontare le questioni appena formulate.

L'inizio della produzione di stampe in Europa data dalla metà del Quattrocento ed è interessante notare come già nel primo Cinquecento venga operata la distinzione tra soggetti soprattutto imitati ed altri soprattutto pensati; distinzione che non sembra usata in modo esplicito nelle altre arti figurative (il *fecit* o il *pinxit* ecc. che a volte si trovano sui quadri sono usati indifferentemente per ritratti e soggetti religiosi per esempio). Pare infatti che quest'arte relativamente recente, per la sua natura riproduttiva, crei subito due problemi principali da risolvere. Il primo è quello dell'autenticità (nel senso di determinare chi sia l'autore che ha fornito il soggetto per la stampa), il secondo è quello di identificare il tipo di ispirazione dell'autore originario. Altri aspetti da chiarire saranno la tecnica adottata per la stampa, come ad esempio intaglio o acquaforte ecc. e la tecnica primitiva che costituisce il punto di partenza per la lavorazione della matrice, come ad esempio pittura, disegno, scultura ecc.

Per quello che riguarda la paternità dell'opera, verso la metà del secolo XV, ma anche più tardi, vediamo che le stampe o non sono firmate o sono firmate soltanto con un monogramma o meno comunemente con un simbolo, come il caduceo usato da Jacopo de'

Barbari. È raro il caso in cui, come nella *Battaglia dei nudi* di A. Pollaiolo (c. 1470), il nome dell'autore appaia per esteso. Qui, in una tavoletta classicheggiante posta in prospettiva, non ai margini del foglio, ma come parte decorativa e integrante della scena fittizia, si legge: OPUS/ANTONII POLLA/IOLI FLORENT/INI.

Seguendo l'uso più tradizionale Dürer nelle sue stampe inserisce soltanto il suo monogramma, ma anch'esso trova posto nella scena stessa e non ai margini del foglio. Fin qui abbiamo visto il caso dei così detti *peintres graveurs*, pittori responsabili dell'esecuzione delle loro incisioni, ma appena l'incisore non è anche l'ideatore del soggetto della stampa, si crea un problema di definizione e attribuzione dei ruoli.

Marcantonio Raimondi, incisore di grande abilità, comincia a copiare le stampe di Dürer, in modo da imitarne molto da vicino lo stile; la sua imitazione è così fedele da includere il monogramma di Dürer stesso e le stampe sono vendute come opera del maestro di Norimberga. È nota 'la tanta collora' di Dürer, come la chiama il Vasari nella sua vita di Marcantonio,[5] che nel 1506 spinge il grande artista tedesco a lamentarsi davanti al senato veneto dell'ingiustizia subita e a reclamare la vera paternità delle incisioni. O almeno la paternità dell' 'idea' rubatagli da Marcantonio, perchè dopo tutto quelle incisioni erano il prodotto del lavoro di Marcantonio. Ecco un esempio, in questa tecnica riproduttiva, in cui si presentano problemi nella differenziazione tra l' 'idea visualizzata' e la sua esecuzione.

Ma quando in seguito Marcantonio verrà impiegato da Raffaello per diffondere attraverso la stampa le immagini dei suoi dipinti, le ambiguità a questo riguardo saranno eliminate. Non più come parte del disegno in funzione quasi decorativa, ma soltanto come firme chiarificatrici, troviamo RAPH URBI INV e, separata da questa, MAF, dove MA sta per Marco Antonio e la F di MAF è generalmente interpretata come Francia, dal nome del maestro di Marcantonio (Vasari, V, 412). Ma anche se F non indica il *Fecit*, che poi diverrà comune nelle stampe, qui vediamo il ruolo dell'incisore distinto da quello dell'INV[ENTOR].

Vasari nella vita di Marcantonio (V, 395-442) spiega come le stampe tratte dai cartoni di Raffaello per la Cappella Sistina 'furono tanto belle per l'invenzione di Raffaello, per la grazia del disegno, e per la diligenza ed intaglio di Marcantonio' (Vasari, V, 413). E ancora: '[Marcantonio] intagliò [...] un San Ieronimo piccolo che considera la morte, mettendo un dito nel cavo d'un teschio che ha in mano; il che fu invenzione e disegno di Raffaello' (Vasari, V, 417).

La distinzione tra invenzione ed intaglio è in effetti, nella vita di Marcantonio, un motivo ricorrente. Vasari usa il termine invenzione per designare un'interpretazione di una storia, in genere già nota, dove l'enfasi è più sulla novità ed originalità dell'idea interpretativa che non sulla scelta della storia stessa. Questa distinzione sembra concordare con quella già in uso nelle stampe dove *invenit*, come precedentemente accennato, fa riferimento ad una attività di tipo soprattutto ideato, contrapposta in tal modo, ad una attività essenzialmente mimetica che si proponga come fine di ritrarre la cosa come 'è'.

Rimanendo nel campo della letteratura artistica, anche se non più in quello delle stampe, possiamo osservare che già Leonardo nel suo *Trattato della Pittura*, precedentemente quindi al 1519, impiegava il termine 'invenzione' in un modo, anche se per noi moderni con un

[5] G. Vasari, *Le Vite de' più eccellenti Pittori Scultori ed Architettori* [1568], a cura di G. Milanesi, in *Le Opere di Giorgio Vasari*, 9 voll. (Firenze, G. C. Sansoni, 1906), V, 406.

tocco quasi surreale, simile a quello adoperato dal Vasari. Mi riferisco in particolare a quel suggestivo brano in cui Leonardo si raccomanda che il pittore non rida dello strano consiglio che gli sta per dare, cioè di lasciare che la sua mente sia stimolata da immagini indistinte, come 'macchie de' muri, [...] cenere del fuoco, o nuvoli, o fanghi, od altri simili luoghi'; infatti lì troverà 'invenzioni, sì di componimenti di battaglie, d'animali e d'uomini, come di diavoli e simili cose' perchè Leonardo sostiene che 'nelle cose confuse l'ingegno si desta a nuove invenzioni' (Leonardo, fol. 35 verso).[6]

Cercando di rintracciare nelle teorie artistiche i primi esempi dell'uso del termine 'invenzione', vediamo che Leon Battista Alberti nel *De Pictura* del 1435 (versione italiana, 1436) dà a questa parola un significato diverso da quello visto finora. Alberti, nell'esortare i pittori ad essere dotti, li invita a 'dilettarsi de' poeti e degli oratori. Questi hanno molti ornamenti comuni col pittore; e copiosi di notizia di molte cose, molto gioveranno a bello componere l'istoria, di cui ogni laude consiste in la invenzione, quale suole avere questa forza, quanto vediamo, che sola senza pittura per sè la bella invenzione sta grata'.[7]

Come esempio poi di bella invenzione che sola senza pittura per sè sta grata, l'Alberti cita il famoso dipinto della *Calunnia* di Apelle, descritto da Luciano. La 'bella invenzione' di cui qui si parla è quindi un qualcosa di già esistente e accattivante in sè per virtù del solo contenuto narrativo. Per l'Alberti quindi invenzione ha un significato più restrittivo di quello usato in seguito da Leonardo e poi per esempio, dal Vasari; per il grande umanista, invenzione denota l'oggetto del rinvenire e non il processo, identificandosi così con quella che lui chiama 'istoria'. Questa stessa definizione corre del resto parallelamente all'altra di 'invenzione' come processo, che tende cioè più che al rinvenimento di qualcosa di conosciuto, alla scoperta di qualche cosa di nuovo, di non imitato, analogamente a quello che l'*invenit* designa nelle stampe.

Nel suo *Dialogo della Pittura* del 1557 Lodovico Dolce dichiara che 'L'inventione è la favola o historia che il pittore si elegge da lui stesso, o gli è posta innanzi da altri per materia di quello che ha da operare'.[8]

Questa definizione del termine 'invenzione', che ritroviamo ripetuta per secoli dai teorici dell'arte, è in stretto rapporto, come è stato già osservato, tra gli altri da R. W. Lee,[9] con la definizione generalmente data al termine *inventio* dell'arte retorica classica. E 'la definizione che ritorna con varianti minime di forma nella maggior parte dei trattati in latino è quella di *Rhetorica ad Herennium*, I, ii, 3: *Inventio est excogitatio rerum verarum aut veri similium, quae causam probabilem reddant*'[10]. Il capitolo sull'*inventio* nel *Manuale di retorica* di B.

[6] M. W. Bundy , sostiene che: 'l'*inventio* è stata spiegata per la prima volta in termini di potere mentale non prima dell'inizio del sedicesimo secolo' '*inventio* was first explained in terms of mental powers not earlier than the beginning of the sixteenth century': ' "Invention" and "Imagination" in the Renaissance', *The Journal of English and Germanic Philology*, 29 (1930), 535-45 (p. 541).

[7] L. B. Alberti, *De Pictura*, a cura di C. Grayson (Bari, Universale Laterza, 1980), §52, p. 90.

[8] L. Dolce, *Dialogo della Pittura* (Venezia, G. Giolito de' Ferrari, 1557), p. 22.

[9] R. W. Lee, *Ut Pictura Poesis* (Firenze, Sansoni, 1974), p. 120 e *passim*. Lee nota però come per il Dolce la parola 'invenzione' possa assumere un significato più ampio; egli cita dal *Dialogo della Pittura* del Dolce: 'La inventione vien da due parti, dalla historia e dall'ingegno del Pittore' (Dolce, p. 28). Questo 'ingegno', commenta il Lee 'diventa naturalmente la parte preponderante con l'approssimarsi del Romanticismo, alla fine del Settecento' (p. 119).

Mortara Garavelli offre la seguente spiegazione della definizione latina: '*Héuresis* in greco, in latino *inventio*, non è nell'uso retorico, "invenzione": è "ricerca e ritrovamento" degli argomenti idonei a rendere attendibile una tesi' (Mortara Garavelli, p. 61).

E sembra che sia proprio nell'arte della stampa che la parola *invenit* sia adoperata non più nell'interpretazione restrittiva di trovare, di 'rinvenire' una storia che già esisteva, nel senso cioè in cui L. B. Alberti consigliava ai pittori, nel suo *Trattato della pittura*, di scegliere dall'elenco di storie già esistenti, la più appropriata. Qui infatti l'enfasi sembra che si sia spostata dalla sfera dei fatti già conosciuti a quella della visualizzazione del pensiero. Ora di fronte alla minaccia che qualcuno possa fare suo e moltiplicare in gran quantità, non solo un'opera di imitazione che si può ritenere di dominio di qualsiasi artista, ma che possa soprattutto appropriarsi di un qualcosa di nuovo, di originale, di unico alla mente dell'autore, perchè non copiato, non imitato dal mondo esterno, proprio allora si sente la necessità di distinguere e dichiarare il tipo di ispirazione che ha guidato l'artista, originario o meno. Distinzione che appare nella tecnica incisoria in modo esplicito, ma non nelle altre forme artistiche.

Anche dopo il Cinquecento si continua ad operare nelle stampe una netta separazione tra le opere d'imitazione e quelle d'invenzione. Si può facilmente immaginare che chi intende fornire dati oggettivi avrà cura di farlo notare. Prendiamo come esempio opere di artisti importanti per Piranesi: *Le Magnificenze di Roma Antica e Moderna, Libro Secondo*, che contiene *Le Piazze Principali di Roma ecc.*, pubblicate nel 1752 da Giuseppe Vasi da Corleone, *E dal medesimo fedelissimamente disegnate, ed incise in Rame, secondo lo stato presente* [...]. Il 'fedelissimamente disegnate' di G. Vasi si contrappone al modo in cui Giuseppe Galli Bibiena, dedica le sue *Architetture e Prospettive* del 1740, dichiarandosi: *inventore delle medesime.*

Canaletto, intorno a questi stessi anni, specifica nella dedica al console Smith che le sue sono *Vedute / altre prese da i Luoghi altre ideate*, dove la parola 'ideate', in antitesi con 'prese da i Luoghi', è qui sinonimo di 'inventate' nel senso attuale della parola.

Possiamo così notare come tutta una serie di stampe può essere inclusa sotto un unico titolo, che appaia nel frontespizio della raccolta, come 'invenzioni' o 'd'invenzione', o 'ideate' o simili altre espressioni. In questo caso è possibile che le incisioni prese individualmente, siano firmate dall'autore, ma che questi non ripeta il fatto che egli è la persona che *invenit*, perchè il titolo generale dell'opera già indica come questa sia da considerarsi complessivamente frutto di un'ispirazione di tipo fantastico.

In questa categoria si possono anche far entrare le *Carceri* di Piranesi. Nel loro primo stato, con il titolo di *Invenzioni / Capric di Carceri*, in quattordici fogli, solo una piccola minoranza contiene la firma seguita dalla lettera *f* per *fecit*. Nella seconda edizione, del 1761 circa, con il titolo *Carceri / d'Invenzione*, anche se qui vediamo che tutte le tavole sono firmate, è sempre la lettera *f*, o più spesso *F*, ad essere usata come indicazione generale della paternità dell'opera.

È anche vero che l' 'invenzione' essendo così facilmente associabile a concetti come quelli di novità, di varietà e di originalità, con il mutamento dei gusti, subisce la loro stessa

[10] B. Mortara Garavelli, *Manuale di retorica* (Milano, Bompiani, 1988), p. 322, nota 1. Si veda anche la definizione di *inventio* in H. Lausberg, *Elementi di retorica* (Bologna, il Mulino, 1969), § 40, p. 30; ed anche la definizione di *inventio* data dallo stesso autore nel suo *Handbuch der literarischen Rhetorik*, 2 voll., seconda edizione (München, Max Hueber Verlag, 1973), § 260, p. 146.

fortuna e oscilla così da valore positivo ad uno negativo. 'L'ingegno si desta a nuove invenzioni' aveva affermato Leonardo nel passo prima citato. E se qui è l'elemento della novità ad essere messo in rilievo, in un altro brano preso dal *Dialogo* di L. Dolce, di circa cinquanta anni posteriore al *Trattato* di Leonardo, è la varietà uno degli importanti attributi dell' 'invenzione'. Egli infatti sostiene che: 'la inventione vien da due parti, dalla historia, e dall'ingegno del Pittore. Dalla historia egli ha semplicemente la materia. E dall'ingegno oltre all'ordine e la convenevolezza, procedono l'attitudini, la varietà, e la (per così dire) energia delle figure' (Dolce, p. 28).

Qui possiamo constatare analogie con il pensiero di Vasari quando questi afferma che:

> Sempre fu tenuta, e sarà, la invenzione madre verissima dell'architettura, della pittura e della poesia: anzi pure di tutte le migliori arti e di tutte le cose maravigliose che dagli uomini si fanno: perciocchè ella gradisce gli artefici molto, e di loro mostra i ghiribizzi e i capricci de' fantastichi cervelli che trovano la varietà delle cose; le novità delle quali esaltano sempre con maravigliosa lode[11]

Più di un secolo dopo l'originalità stravagante, la bizzarria, sono strettamente connesse all'invenzione anche per Lione Pascoli: 'La bellezza non istà nell'ornamento e nella ricchezza, ma nella bizzarria dell'invenzioni, nell'elezion delle forme'.[12]

Non passerà però molto tempo prima che sempre più influenti teorie artistiche rinneghino la validità del connubio dell'invenzione con il nuovo, lo stravagante e la varietà per procreare il bello, tanto da sminuire in realtà il ruolo dell' 'invenzione', intesa come processo originale, che verrà più adeguatamente sostituito da altri concetti.

Nello scritto di uno dei più noti portavoce delle teorie del neoclassicismo, A. R. Mengs, leggiamo: 'Dall'equivoco introdotto nelle scuole dei pittori e nelle teste dei dilettanti è nato il credere che i quadri si inventino e si compongano solo per dilettar la vista con diversità di oggetti, con direzione e contrapposizione variate, obliando essi la parte più nobile, che è il significato, il quale appartiene all'invenzione'.[13]

Le qualità dell''invenzione' non consistono più nella novità, nella varietà e nella bizzarria, ma in un'unica proprietà: il 'significato'. Idee molto simili tendenti a screditare il ruolo della varietà nell' 'invenzione' sono ribadite da un altro contemporaneo di Piranesi, Francesco Milizia rigoroso critico delle teorie del Barocco e del Rococò, appartenente allo stesso ambiente di Winckelmann e di Mengs, strenuo propugnatore del gusto neoclassico. Sotto la voce *Invenzione* nel suo *Dizionario delle Belle Arti del Disegno,* apparso la prima volta nel 1787, si legge: 'È l'*invenzione* che caratterizza l'artista: se ella è perfetta, egli è perfetto. La perfezione consiste nell'unità'. E ricordandosi in parte delle antiche definizioni della retorica nega anche ogni caratteristica di novità all' 'invenzione': '*Invenzione* nelle arti non è una scoperta, ma una scelta che l'artista fa degli oggetti convenienti al suo argomento. Il Pittore e lo Scultore non inventa cose nuove; le prende (le più interessanti) dalla Storia, dalla Favola,

[11] G. Vasari, *Le Vite dei più eccellenti Pittori, Scultori e Architetti,* a cura di C. L. Ragghianti (Milano, Rizzoli, 1942-49), p. 36.

[12] L. Pascoli, proemio al primo volume delle *Vite de' pittori, scultori ed architetti moderni* (Roma, Rossi, 1730-36).

[13] A. R. Mengs, Lettera ad Antonio Ponz del 1776 in: *Opere di A. R. Mengs* (Roma, Pagliarini, 1787), p. 194. Si veda anche Tea Eva: *L'invenzione nelle arti figurative* (Milano, Vita e Pensiero), 1947, p. 54.

dalla Natura, e le traduce nella sua arte. In questa traduzione consiste la sua *invenzione*'.[14]

Privando l' 'invenzione' delle proprietà della varietà e della novità e relegandola al compito di traduttrice, si va verso un impoverimento del suo ruolo.

Un'indicazione delle opinioni correnti sull'importanza dell' 'invenzione' verso la fine del Settecento, e più precisamente otto anni dopo la morte di Piranesi, ci è data da J. W. Goethe nel suo *Viaggio in Italia.* Egli narra come a Vicenza partecipasse a un convegno dell'Accademia degli Olimpici dove erano convenute circa cinquecento persone, e dice che l'argomento del dibattito era: 'Se alle belle arti abbia arrecato maggior vantaggio l'invenzione o l'imitazione'. Goethe commenta subito dopo: 'L'idea non era cattiva perchè data l'alternativa del tema, c'è da discutere per cent'anni in un senso o nell'altro'. E poi aggiunge: 'Nel complesso però i partigiani dell'imitazione hanno avuto maggior successo, perchè non han fatto che esporre pensieri condivisi dalla maggioranza'.[15]

Le caratteristiche che dall'inizio del Cinquecento si ritenevano proprie dell' 'invenzione' cambiano e l' 'invenzione' così com'era stata intesa nel tardo rinascimento ed in epoca barocca e rococò, non è più accettata in clima neoclassico. Nel Settecento, la critica sempre più forte dell' 'invenzione' farà sì che gli artisti saranno più cauti nel fare uso del termine anche nei titoli delle loro opere.

L'uso convenuto tra gli incisori nei secoli passati, di designare con la parola *invenit* un particolare tipo di produzione artistica, sembra così caduto largamente in disuso tra gli incisori in epoche più recenti. E mi sembra significativo che già Piranesi nell'ultimo stato delle *Carceri* mutasse il titolo sul frontespizio [fig. 4]. È al termine 'Carceri' che ora è dato risalto, messo al posto di '*Invenzioni*' che viene sostituito dalla locuzione '*d'invenzione*', relegata in posizione meno cospicua.

Come *invenit* non designa soltanto l'autore originario del disegno che è servito per l'esecuzione della stampa, ma anche un tema specifico, non mimetico, così 'invenzioni' o 'd'invenzione', dei titoli, indicano certamente che la serie è originale, ma non nel senso che queste siano incisioni d'autore contrapposte a incisioni di riproduzione o traduzione derivate da opere altrui, piuttosto nel senso di opera non imitata, non tradotta, dalla realtà esterna.

Se le 'invenzioni', per la critica severa del gusto neoclassico, particolarmente a Roma subiranno un netto declino, vediamo che però agli inizi del Novecento Paul Klee per esempio, intitolerà *Inventionen* una serie di incisioni prodotte durante un periodo di studi dell'arte grafica antica. Generalmente la tendenza moderna è quella di firmare e di indicare con un segno di frazione il numero della stampa rispetto alla somma totale. Il senso specifico della parola *invenit* è così andato perduto, ma ritrovarne il significato nella sua interezza è importante perchè ci indica non solo, come già noto, l'autore del tema, ma anche il genere di tema intenzionalmente dichiarato dall'artista.

14 F. Milizia, *Dizionario delle Belle Arti del Disegno,* 2 voll. (Bologna, 1827, prima edizione 1787) II,157-58 (p. 157) sotto la voce *Invenzione.*

15 '[O]b *Erfindung oder Nachahmung den schönen Künsten mehr Vortheil gebracht habe*? Du siehst daß wenn man die beyden trennt und so fragt, man hundert Jahre hinüber und herüber reden kann. [...] Uberhaupt fanden die, für die Nachahmung sprachen, mehr Beyfall denn sie sagten lauter Dinge die der Haufe denckt und dencken kann': *Johann Wolfgang Goethe, Tagebuch der Italienischen Reise* 1786, a cura di C. Michel (Frankfurt am Main, Insel Verlag, 1977), pp. 81-82. *Viaggio in Italia* (1786-1788) , traduzione italiana di E. Zaniboni (Milano, Rizzoli, 1991), pp. 53-54.

CAPITOLO III

Il 'capriccio'

Le *Carceri*, secondo il titolo, non sono solamente 'invenzioni'; l'autore, almeno nella loro prima edizione, vuole farci sapere che sono anche 'capric' e qui la parola è soltanto abbozzata. Questa parola, in relazione com'è ad un tema che ha a che vedere con le leggi, la trasgressione e la punizione, non può fare a meno di lasciarci perplessi. Perchè poi il vocabolo è lasciato tronco? È questo un segno di censura? E se così fosse quale ne sarebbe il motivo? Ci si può anche chiedere se esistono altre opere precedenti con simili caratteristiche e simili titoli alle quali ci possiamo riferire per poter in qualche modo spiegare la strana giustapposizione dei vocaboli 'invenzioni' e 'capric'. E inoltre questo termine incompiuto sta per 'capricci' o come sembra più probabile per 'capricciose'? Il titolo che dovrebbe chiarire, rende in realtà più ambiguo il significato dell'opera. Perchè in che cosa consiste l'elemento capriccioso di queste 'invenzioni di Carceri'? Forse non sarà facile trovare una risposta esauriente, ma è possibile che una analisi di questo termine contribuisca a rendere più chiara la questione.

Capriccioso è ciò che è proprio del capriccio ed è quindi al sostantivo che conviene riferirsi. È da questo sostantivo che è opportuno partire per una indagine sui suoi vari significati. Manca finora per quello che mi risulta uno studio sistematico sul 'capriccio', ma non è qui che intendo riparare a tale mancanza. Mi limiterò a fare alcune brevi considerazioni sull'etimologia del termine, dire quali generi artistici possono essere compresi nel 'capriccio', in particolare che cosa può essere denominato come tale nelle arti figurative e per quali comuni caratteristiche. Inoltre vorrei far notare come fin dalle sue origini il significato del termine contenga elementi ambivalenti, per cui il 'capriccio' può attirarsi sia giudizi positivi sia negativi, a seconda che lo si consideri da un punto di vista estetico o morale. Questo implicito dissidio connaturato al 'capriccio' diviene insanabile verso la metà del Settecento inducendo un artista come Piranesi, fortemente incline al fascino del 'capriccio', ma anche molto sensibile alle teorie impegnate dei 'moralisti' razionalisti, a cancellare del tutto la parola *capric* nell'ultima edizione delle *Carceri*. Il termine, che precedentemente era apparso soltanto come timidamente accennato, ora diviene insostenibile; la sua eliminazione segna anche la nascita di una nuova opera sul tema delle carceri che, come ritengo, si pone fini più complessi ed ambiziosi.

A differenza di 'invenzione', che come sappiamo è vocabolo di antica origine, il termine 'capriccio' ha una storia relativamente recente in letteratura e ancora più nelle arti figurative e nella musica. È all'inizio del secolo Sedicesimo che esso viene introdotto nell'italiano, con i suoi derivati, come l'aggettivo capriccioso. Il 'capriccio' presenta legami di significato con quei termini, già in uso, come per esempio: strano, bizzarro, ghiribizzoso, mostruoso, orripilante, termini atti alla descrizione e alla valutazione di opere che sembrano deviare dalle regole derivate dallo studio della natura. Il 'capriccio' però sembra che voglia rispondere ad una nuova esigenza espressiva, che voglia aggiungere qualcosa di nuovo e di più positivo ai significati affini delle parole appena menzionate, già di uso corrente.

Una indagine sull'etimologia della parola dovrebbe aiutare a chiarire il suo significato originario e il perchè dell'esigenza di coniare un nuovo termine nel primo Cinquecento, in periodo manierista, in un'epoca ormai satura di regole codificate, ma anche tollerante e a volte desiderosa dell'infrazione, purchè beninteso, controllata. Purtroppo però vediamo che secondo gli specialisti l'etimologia è incerta e il vocabolo si fa risalire a due possibili diverse fonti. Una, da capra, associa il significato di capriccio ai salti imprevedibili e a caso delle capre; questo metterebbe in risalto e spiegherebbe l'aspetto imprevedibile, il desiderio improvviso e bizzarro che sarebbe proprio del capriccio. L'altra teoria è che il termine, secondo una etimologia difesa da molti linguisti, derivi da capo riccio. Il 'capo riccio' avverrebbe come effetto di sentimenti di timore. Presenterebbe quindi una stretta analogia di significato con il vocabolo già in uso da secoli 'orripilare' cioè avere il pelo irto per la paura.

Il capriccio quindi come qualcosa di spaventoso. Del resto a dare valore a questa tesi si presentano due termini: *raccapricciare* e l'ormai desueto, *accapricciare*, con il senso di inorridire, già attestati nel Trecento ed usati tra gli altri da Dante. Il Buti, commentatore trecentesco della *Commedia* sostiene che: 'Accapricciare è levare li capelli ritti, come avviene per paura, cioè caporicciare; e però si dice: Io ebbi un grande raccapriccio cioè un arricciamento di capelli del capo, che significa la paura'.[1]

Se è vero, come sembra, che *raccapriccio e accapricciare* derivino da *capriccio*, allora si pone il problema, ancora aperto, di come spiegare il nesso semantico tra la paura e il desiderio bizzarro. Vediamo che in effetti *capriccio*, nel significato di raccapriccio si trova usato, ma sempre più raramente, fino al secolo diciottesimo parallelamente al significato più moderno, cioè quello di desiderio bizzarro, acquisito nel Cinquecento.

In realtà guardando le *Carceri*, che molti trovano costruzioni da incubo, viene spontaneo chiedersi se per caso qui il titolo non ritenga almeno parte del suo antico significato alludendo a qualche cosa di raccapricciante.

Sotto il titolo di *Capricci* può essere inclusa una notevole varietà di espressioni artistiche, come per esempio il capriccio letterario o quello musicale. Ora, nel tentativo di capire meglio in che cosa consista alle sue origini il 'capriccio' nelle arti figurative ritengo che, nell'affrontare il vasto e fluido campo dei suoi significati, si possa tenere presente una caratteristica che li accomuna; questa consiste nel fatto che i 'capricci', similmente alle 'invenzioni' di cui abbiamo parlato, sono elaborati nella 'mente' senza porsi un fine mimetico anche quando derivano la loro ispirazione da forme realmente esistenti. Dopo

[1] Si veda S. Battaglia, *Grande dizionario della lingua italiana* (Torino, UTET, 1961-), sotto la voce capriccio e M. Cortelazzo e P. Zolli, *Dizionario etimologico della lingua italiana*, 5 voll. (Bologna, Zanichelli, 1979-88), sotto le voci *capriccio e raccapricciare.*

aver proposto un fattore che li accomuna, ritengo che un tentativo di sistematizzazione dei 'capricci' riguardo al loro contenuto, si potrebbe fare considerando che alcuni presentano una base concettuale e sono quindi facilmente traducibili in parole, mentre altri sono privi di un contenuto logico narrativo e quindi pongono la loro enfasi nella parte visiva.

Questi ultimi tendono soltanto a dilettare l'occhio, sono quelli che nella loro forma estrema si esplicano in motivi ornamentali, facendo spesso uso di forme ibride e mostruose, come quelle che si vedono nelle decorazioni parietali chiamate grottesche. D'altra parte la caratteristica del 'capriccio' concettuale, a contenuto emblematico, allegorico, è quella della discorsività. Questi 'capricci' non si limitano a generare piacere attraverso la novità e la meraviglia, ma hanno anche un contenuto concettuale con dei fini etici più o meno accentuati.

Nell'iniziare l'indagine sul 'capriccio' è opportuno rivolgerci a Vasari: egli è infatti il primo scrittore d'arte a dedicargli ampio spazio. È quindi importante vedere il significato, o meglio, i vari significati, che egli dà al termine, come anche i giudizi diversi che egli gli conferisce. Il parere di Vasari è infatti rilevante sia perchè ci offre esempi del vocabolo già dal 1532, sia perchè questi provengono da un architetto e pittore di professione e non soltanto da un teorico. Un altro motivo per ritenere Vasari così rilevante, è dato dal fatto che l'erudito protettore di Piranesi, Monsignor Bottari, abbia curato una edizione delle *Vite* del Vasari pubblicata nel 1759-60. È molto probabile che l'interesse di Bottari per Vasari abbia avuto una forte influenza sul suo protetto.

In realtà colpisce, anche scorrendo superficialmente *Le Vite*, vedere con quanta frequenza ricorrono espressioni come 'capricciosa invenzione, capricciosa fantasia, capricciosa e grande invenzione, fantastiche e capricciose invenzioni, capricciosa varietà, strani capricci' ecc.; tanto da farci pensare che la somiglianza con il titolo dato da Piranesi alla sua prima stesura delle *Carceri* non sia casuale. Certamente altri, come per esempio G. B. Armenini e G. P. Lomazzo verso la fine del Cinquecento e molti ancora parleranno di 'ricche e capricciose invenzioni' e di 'invenzioni e capricci'; tuttavia non si può negare l'importanza di base ed il peso dell'autorità dell'opera del Vasari per la diffusione di simili binomi. Guardando poi il testo di Vasari con maggiore attenzione ci accorgiamo anche della fluidità che egli dà al termine usato molto frequentemente in senso positivo, ma non di rado anche con delle connotazioni di biasimo per il suo carattere trasgressivo. Ma pur se il 'capriccio' assume il significato di atto trasgressivo non per questo è prevalentemente condannato, anzi la maggior parte delle volte è considerato con ammirazione indulgente, associato com'è al concetto di novità che stava molto a cuore al Vasari. Nella prima edizione dell'opera di Vasari del 1550, la vita di Morto da Feltre inizia così:

> Coloro che sono per natura di cervello capriccioso e fantastico, sempre nuove cose ghiribizzano et cercano investigare, et coi pensieri strani et diversi da gli altri fanno l'opere loro piene et abondanti di novità, chè spesso per il nuovo capriccio da loro trovato sono cagione a gli altri di seguitargli; i quali di qualche novità più, se possono, cercano passargli di maniera che sono ammirati, et di grandissima lode nel-l'opere loro per ogni lingua vengono esaltati. (Vasari, V, 201)

Nella vita di Tintoretto, vediamo insieme ammirazione e rimprovero per 'le nuove e capricciose invenzioni' che hanno addirittura 'superata la stravaganza':

> [Tintoretto] nelle cose della pittura, stravagante, capriccioso, presto e risoluto, e il più terribile cervello che abbia avuto mai la pittura, come si può vedere in tutte le sue opere e ne' componimenti delle storie fantastiche e fatte da lui diversamente e fuori dell'uso degli altri pittori: anzi ha superata la stravaganza con le nuove e capricciose invenzioni e strani ghiribizzi del suo intelletto, che ha lavorato a caso e senza disegno, quasi mostrando che quest'arte è una baja. (Vasari, VI, 587)

Ma poco più sotto, sempre con riferimento al Tintoretto, Vasari accomuna l'aggettivo capriccioso ad altri aggettivi con connotazione molto positiva: 'non che per questo si toglia che non sia fiero e buon pittore, e di spirito svegliato, capriccioso, e gentile' (Vasari, VI, 588).

Negli esempi tratti dal Vasari abbiamo visto varie caratteristiche che egli attribuisce al 'capriccio'.

Ora l'attività del cervello capriccioso dà frutti a loro volta chiamati 'capricci', che insieme a caratteristiche di novità possono presentare aspetti di ingegnosità, di espressività e possono adempiere anche funzioni di tipo prevalentemente ornamentale, come per esempio nelle grottesche divenute di gran moda agli inizi del Cinquecento. Su questo tema può essere chiarificatrice la posizione di Federico Zuccari, importante pittore e scrittore della seconda metà del Cinquecento, il quale nella *Idea de' pittori, scultori et architetti* del 1607, ci offre un'ampia lista di 'nove invenzioni e capricci', prodotto di quella che lui chiama la 'terza specie del disegno esterno':

> Questa terza specie è quella che rappresenta tutto quello che la mente umana, la fantasia et il capriccio di qual si voglia arte può inventare [...] porge grandissimo aiuto, [...] a tutte le nostre operazioni et a quelle ancora di tutte l'altre arti, scienze e prattiche, formando nove invenzioni e capricci in qualonche soggetto sia di partimenti et ornamenti di pittura, scultura et architettura [...] o di qualsivoglia altra arte, come di fontane, giardini, loggie, sale, tempii, palazzi, teatri, scene, apparati di feste, machine belliche e qual altra cosa, grottesche, arpie, festoni, cartelle, almanachi, sfere, forme matematiche, fortezze, ingegni di mille spezie, machine, molini, cifre, orologii, chimere, e che so io? [2]

Qui è bene notare che il vasto catalogo di F. Zuccari comprende non soltanto 'capricci', ma anche 'invenzioni'. L' 'invenzione' ed il 'capriccio' sono qui uniti in un binomio che sottolinea la loro affinità essendo entrambi 'trovate' mentali. Il loro campo di applicazione è così ampio perchè riguarda, secondo l'opinione dello Zuccari, tutto quello che l'uomo può attuare attraverso l'arte.

Ora, tralasciando le 'invenzioni' che in sè non contengono necessariamente connotazioni di bizzarria, 'capricci' veri e propri nelle arti figurative possono anche denominarsi certi tipi di paesaggi, cioè quelli non presi dal vero, con o senza rovine, con o senza architetture. Ci sono poi i capricci architettonici che tendono a rappresentare edifici noti in relazioni inesistenti, proprio come nei sogni. Inoltre 'capricci' possono essere opere contenenti scene ispirate al teatro dove le figure umane giocano un ruolo importante, come nelle stampe dei *Capricci di varie figure* di J. Callot del 1617. Oltre a questi, scene pastorali ed un vasto reper-

[2] F. Zuccari, *Idea de' pittori, scultori et architetti* (Torino, Disserolio, 1607), cito da: *Scritti d'Arte del Cinquecento: Disegno*, a cura di P. Barocchi (Torino, Einaudi, 1979),VIII, 2062-118 (p. 2100).

torio di motivi decorativi non esenti da elementi macabri sono presenti nei Capricci e nei *Diversi Capricci* e nella *Raccolta di varii capricci et nove inventionj*, di Stefano della Bella (1610-64). Questo incisore, insieme con Salvator Rosa (1615-73), anch'egli autore di 'capricci', ha avuto particolare importanza per Piranesi che ebbe modo di studiare le loro opere nella biblioteca Corsini quando Bottari ne era curatore.

Ho già detto all'inizio come la caratteristica comune dei 'capricci' risieda nella loro mancanza di fine imitativo. In particolare i 'capricci' appena nominati nel paragrafo precedente hanno la peculiarità, per rifarmi alla distinzione già introdotta, di non avere una base concettuale. Sono quelli cioè che, privi di un contenuto narrativo, mettono l'enfasi nella parte visiva. Quindi essi non si conformano ai fini dell'arte che allora erano ritenuti più nobili e che basandosi sull'imitazione mirano alla conoscenza della verità e alla codificazione di regole basate su di essa. Questo tipo di 'capricci' esula così dal compito più alto, etico e didattico, che si era affidato all'arte fin dai tempi antichi. Invece questo compito etico viene attuato in opere di argomento religioso o storico.

Fin qui abbiamo preso in esame 'capricci' non concettuali, ora invece vedremo esempi di 'capricci' concettuali. In realtà quanto detto finora non esaurisce l'argomento sui molteplici significati del 'capriccio' che presenta aspetti che possono essere avvertiti come contraddittori. Infatti contrariamente a ciò che si potrebbe pensare, il 'capriccio' si insinua non solo nei paesaggi e nelle vedute fantastiche, ma anche nei ritratti, purchè contenenti elementi simbolici. Un esempio estremo di questo genere di ritratti lo troviamo nell'Arcimboldi (1527-93) che per rappresentare figure umane si serviva di oggetti inanimati e che per raffigurare le fattezze di un dottore lo ritraeva dipingendo soltanto libri, denotando così la sapienza della persona.

Un esempio di capriccio allegorico ci è offerto da Vasari in una sua lettera del 1532. In questa, che è la prima testimonianza che abbiamo dell'uso che egli fa del termine, Vasari spiega al 'Reverendissimo Vescovo Iovio' il significato di un disegno:

> il capriccio della invenzione è di un gentiluomo amico mio [...]. Quell'albero, ch'è disegnato nel mezzo della storia, è l'albero della Fortuna [...] i suoi frutti, come vedete, son mitrie di papi, corone imperiali e reali, cappelli da cardinali, mitrie da vescovi, berretti ducali e marchesali, e di conti [...] Sotto all'ombra di questo albero sono lupi, serpenti, orsi, asini, buoi, pecore, volpi, [...] e molti altri animali, come potrete vedere, i quali spettando che la fortuna, la quale, serrato gli occhi con una benda, sta in cima all'albero con una pertica battendo le frutte dell'albero, le faccia cadere per sorte in capo agli animali che sotto l'albero stanno in riposo; e cotal volta casca il regno papale in capo a un lupo [...]. La corona di un re casca in capo a un orso [...]. I cappelli da cardinali piovono spesso in capo agli asini [...]. Così ognuno investito della sua dignità, secondo che si trova locato, e che cascando lo va a trovare la sorte delle frutte dell'albero, ha mostro quest'amico mio il suo capriccio alla Signoria vostra per mezzo del disegno, il quale io vi mando; che ancora che la storia sia profana, m'è parsa tanto capricciosa, che l'ho giudicata degna di lei, e perchè anco facciate un poco ridere il cardinale. (Vasari, VIII, 237-38)

In questo tipo di 'capriccio' troviamo una satira pungente che mira a far ridere, a divertire, l'allegoria poi si propone fini moraleggianti. Questa forma di 'capriccio' è affine, per il suo carattere allegorico, al 'capriccio' di cui parla B. Cellini, contemporaneo di Vasari: 'Si usava in questo tempo alcune medagliette d'oro, che ogni signore e gentiluomo li piaceva far scolpire in esse un suo capriccio o impresa; e le portavano nella berretta'.[3]

L'impresa, che Cellini ci presenta come una forma del 'capriccio', ha una sua portata etica. Nelle definizioni più comuni, l'impresa non è altro che la rappresentazione simbolica d'un proposito, d'un desiderio, di una linea di condotta (ciò che si vuole 'imprendere' o intraprendere) per mezzo di un motto e d'una figura che vicendevolmente s'interpretano.

Un ulteriore aspetto del 'capriccio' concettuale ci è offerto ancora una volta da Vasari nella vita già citata del Tintoretto. Qui l'esempio si riferisce a un episodio 'capriccioso' che si insinua in un dipinto di materia religiosa:

> papa Alessandro che scomunica ed interdice Barbarossa [...] e fra l'altre cose capricciose che sono in questa storia, quella è bellissima, dove il papa ed i cardinali gettando da un luogo alto le torce e candele, come si fa quando si scomunica alcuno, è da basso una baruffa d'ignudi che s'azzuffano per quelle torce e candele, la più bella e più vaga del mondo (Vasari, VI, 589)

Anche nei 'capricci' concettuali ci possono essere elementi di frivolezza e ancora di più in quelli non concettuali. Il 'capriccio', come dice Vasari nella sua vita di Michelangelo, non ha parte 'nella profondità dell'arte'. Di fronte a quella che per Vasari è la somma perfezione dell'arte raggiunta da Michelangelo, il 'capriccio' gioca un ruolo alquanto superficiale:

> e [Michelangelo] finalmente ha aperto la via alla facilità di questa arte nel principale suo intento, che è il corpo umano; ed attendendo a questo fin solo, ha lassato da parte le vaghezze de' colori, i capricci e le nuove fantasie di certe minuzie e delicatezze, che da molti altri pittori non sono interamente, e forse non senza qualche ragione, state neglette. Onde qualcuno non tanto fondato nel disegno, ha cerco con la varietà di tinte ed ombre di colori, e con bizzarre, varie e nuove invenzioni, ed in somma con questa altra via farsi luogo fra i primi maestri. Ma Michelangelo, stando saldo sempre nella profondità dell'arte, ha mostro a quelli che sanno assai, come dovevano arrivare al perfetto. (Vasari, VII, 210)

L'elemento di novità, ma anche il tono poco impegnativo, non serio, o per il contenuto stesso o per l'aspetto frettoloso, quasi di improvvisazione, di schizzo, è il tratto comune di tutti gli esempi di 'capricci' finora nominati. D'altra parte se il 'capriccio' concettuale, pur nella sua leggerezza, mantiene un fine etico, il 'capriccio' non concettuale ne esula ed è perciò più facilmente condannato. Quest'ultimo, privo di fini morali, flirta con il mondo dell'irrazionale e del caos. Per questo esso può essere ammirato dal punto di vista estetico, ma riprovato da quello etico.

La condanna di un'opera d'arte in base al fatto che questa non sia concepita secondo i dettami della ragione, il che spesso vuol dire che non si pone come fine l'esatta imitazione della natura, è fenomeno di antichissima data e trova negli scrittori latini, autorevoli ed influenti fautori di queste teorie 'razionaliste'. Esempi in questo senso si possono trarre dall'erudito Plinio il Vecchio, del primo secolo d. C. nel libro XXXV della sua *Naturalis Historia*,

[3] Si veda S. Battaglia, sotto la voce *Capriccio*, p. 722.

inoltre dal poeta Orazio e da Vitruvio l'architetto romano, anch'egli come Orazio, di età augustea. Il brano dell'*Ars poetica* di Orazio che citerò è importante sia come testimonianza del gusto dell'epoca in cui fu scritto, sia per l'uso frequente che i teorici ne hanno fatto attraverso i secoli:

> Se un pittore volesse unire un collo di cavallo ad una testa umana ed applicare piume variopinte a membra raccolte da ogni essere, così che una donna bella nella parte superiore finisca bruttamente in basso in forma di nero pesce, forse che, ammessi a guardare, potreste trattenere il riso, amici? Credetemi [...] a questo quadro sarà del tutto simile un libro in cui, come nei sogni di un malato, vengano inventate vane immagini, così che nè il piede nè la testa possono essere ricondotti ad una sola figura. 'I pittori e i poeti hanno sempre avuto la giusta facoltà di osare ogni cosa'. Lo sappiamo, e a vicenda concediamo e chiediamo licenza, ma non a tal punto che le cose crudeli si uniscano alle dolci, che i serpenti si accoppino agli uccelli, le tigri agli agnelli.[4]

Nel Settecento, mentre artisti come Canaletto, Guardi, Pannini, Tiepolo e tanti altri, esplorano i vari aspetti del 'capriccio', questo tipo di commenti artistici viene ripetuto con sempre maggior frequenza nella polemica contro il gusto capriccioso tardo barocco. L'importante teorico dell'arte Francesco Milizia, contemporaneo di Piranesi e, come sappiamo, autorevole esponente del gusto neoclassico, si vale dell'autorità di Vitruvio per difendere le proprie teorie. Sotto la voce *Arabeschi* nel suo *Dizionario delle Belle Arti del Disegno* del 1787, leggiamo:

> Ne' sotterranei delle ruine degli antichi Romani non si trovano che pitture e stucchi rappresentanti non solo fiori, frutti e foglie, ma anche bestie d'ogni specie e mostri variamente intrecciati. E da que' sotterranei e grotte furon detti *grotteschi.* Il gusto di questi *grotteschi* o *rabeschi* nacque in Roma, quando Roma centro e capitale di mezzo mondo era già sazia de' semplici godimenti dell'arte, e non avea che un gusto corrotto. Convien sentir Vitruvio. 'Non so, egli dice, per qual capriccio non si siegua più la regola degli antichi, i quali non avean per modello delle loro pitture che la verità. Ora non si dipingono su' muri che mostri invece di cose vere e regolari [...]. Per me, io credo che la pittura non debba stimarsi che in quanto ella rappresenta la verità; non basta che le cose sian ben dipinte, bisogna che il disegno sia ragionevole, e che non vi sia niente che offenda il buon senso.

Un altro giudizio fortemente negativo del Milizia sul 'capriccio', ci riporta, attraverso il topos della creazione artistica in stato mentale non sano, già visto in Orazio, alle *Carceri capric* di Piranesi.

[4] 'Humano capiti cervicem pictor equinam / iungere si velit et varias inducere plumas / undique collatis membris, ut turpiter atrum / desinat in piscem mulier formosa superne, / spectatum admissi risum teneatis, amici? / Credite, [...] isti tabulae fore librum / persimilem cuius, velut aegri somnia, vanae / fingentur species, ut nec pes nec caput uni / reddatur formae. "Pictoribus atque poetis / quidlibet audendi semper fuit aequa potestas". / Scimus et hanc veniam petimusque damusque vicissim; / sed non ut placidis coeant, immitia, non ut / serpentes avibus geminentur, tigribus agni'. *Q. Horatii Flacci Opera, Ars Poetica* (Oxford, Oxford University Press, 1982), vv. 1-13, pp. 253-54.

> 'Capriccio' in morale è il gusto per cose che non ci convengono, e che presto ci dispiacciono [...]. In morale la sorgente più feconda di capricci è il gusto smoderato de' piaceri prodotto dall'ozio. È proprio delle teste deboli e mal organizzate degli ammalati, de' convalescenti, e di quell'età e di quel sesso che ha in appannaggio la debolezza. (Milizia, I, 206)

A questo riecheggiamento delle parole di Orazio quando scrive dell'opera 'in cui, come nei sogni di un malato, vengano inventate vane immagini' si riallaccia una delle prime, e sicuramente una delle più influenti descrizioni delle *Carceri* contenuta nelle *Confessioni di un mangiatore d'oppio* di T. De Quincey: 'Molti anni fa, mentre stavo guardando le *Antichità di Roma* di Piranesi, Coleridge, che mi stava accanto, mi descrisse una serie di incisioni di quell'artista chiamate i suoi Sogni, le quali registrano le sue visioni durante il delirio di una febbre'.[5]

Coleridge dando il titolo di 'Sogni' alla serie di incisioni delle *Carceri* le collega con quelli che tradizionalmente venivano chiamati i 'sogni dei pittori', opere prodotte dalla pura fantasia, di cui possono essere frutti le grottesche e i 'capricci'. A questo proposito vengono in mente le parole del dialogo del Doni:

> *A.* Quando tu ritrai in pittura una macchia d'un paese, non vi vedi tu dentro spesse volte animali, huomini, teste, e altre fatasticherie. *P.* Anzi più nelle nuvole, ho già veduto animalacci fantastichi, e castelli, con popoli e figure infinite e diverse. *A.* Credi tu che le sieno in quelle nuvole che tu vedi? *P.* Non mi cred'io. *A.* O dove sono? *P.* Nella fantasia e nella mia imaginativa, nel caos del mio cervello. *A.* Che nome gli daresti tu secondo il tuo giudicio che si confacesse a punto. *P.* Castelli in aria. *A.* Et tu Scultore? *S.* Sogni, cioè nonnulla paiono a me.[6]

È anche vero però che questi 'sogni' tradizionalmente occupavano la posizione più umile nella gerarchia della produzione artistica proprio perchè lontani dal mondo razionale. Secondo il severo giudizio del Milizia i 'capricci' sono il prodotto di una mente malata e per questo esecrabili e dovrà passare ancora qualche tempo prima che quelle che appaiono come visioni deliranti siano guardate con simpatia da artisti appunto come Coleridge e De Quincey. Del resto Milizia si fa portavoce di idee che si erano andate rinforzando ed avevano raggiunto autorità già verso la metà del Settecento.

Bisogna tener presente che la prima elaborazione delle *Carceri* è degli anni quaranta e che pertanto Piranesi, nel momento in cui riprendeva in mano la sua opera giovanile per farne una nuova edizione, non poteva trascurare l'ambiente moralista dei neoclassici da cui era circondato. Essi riprovavano l'uso dei 'capricci' con le sue improvvisazioni, il suo, almeno apparente, scarso impegno, le sue novità e libertà. Questo è reso chiaro anche dagli scritti di Piranesi che, riecheggiando le polemiche di quegli anni, manifestano alternanze tra cedi-

[5] 'Many years ago, when I was looking over Piranesi's *Antiquities of Rome*, Mr. Coleridge, who was standing by, described to me a set of plates by that artist, called his *dreams*, and which record the scenery of his visions during the delirium of a fever': T. De Quincey, *Confessions of an English Opium Eater* (Harmondsworth, Penguin, 1986), pp. 105-6; pubblicato la prima volta nel 1821.

[6] A. F. Doni, *Disegno del Doni, partito in piu Ragionamenti ne quali si tratta della Scoltura et Pittura* (Venezia, G. Giolito Di Ferrarii, 1549), pp. 22-23.

menti al gusto di Winckelmann e degli altri neoclassici e fiere prese di posizione in difesa del suo vero gusto tutto aperto alle fantasie barocche. Il cambiamento del titolo nell'ultima versione delle *Carceri*, con la soppressione del termine capric, va incontro, a mio parere, alle regole del neoclassicismo in cui la ragione che domina disprezza il 'capriccio'.

Lo scritto polemico di Piranesi, *Della Magnificenza ed Architettura de' Romani* del 1761, quindi contemporaneo all'ultima edizione delle *Carceri*, è importante per farci capire il pensiero dell'artista in quegli anni. Egli qui combatte la sua battaglia in difesa della civiltà romana gravemente minacciata di essere sminuita da un confronto con quella greca, tentando di usare le stesse armi dialettiche dei suoi oppositori. La bestia nera dei neoclassici, il 'capriccio', è associato da un Piranesi polemicamente critico e paradossale, proprio con l'architettura greca che egli accusa di capricciosità in confronto con quella etrusca o, come lui preferisce chiamarla, toscana:

> I Greci [...] coll'applicarsi agli ornamenti, alle suddivisioni delle parti, e agl'intagli, hanno atteso forse troppo ad una vana leggiadria, ma poco peraltro alla gravità. Non v'è, si può dire, veruna sorta di frutici, o d'alberi, da' quali eglino non prendano o i piccoli fusti, o le fronde, per ornamento dell'architettura: non vi son pomi, fiori, figurine d'animali, che non abbian trasportate ne' fregj: non vi son pelli, nè fasce, nè qualsivoglia altra cosa suggerita dal capriccio, che non abbiano scolpito ne' piedistalli, e negli architravi: ma quantunque si prendano dalla natura, e si formino tali quali essa le produce, nientedimeno io giudico doversi riflettere, se il collocarle nelle cornici, ne' fregj, e negli architravi, sia più naturale, di quel che sia, come dice Orazio, il dipignere un cipresso in mezzo al mare, allor che si descrive un naufragio.[7]

E poco più sotto aggiunge: 'So, che l'uso di così fare fu introdotto da tempo antichissimo, vale a dire, da che gli architetti incominciarono a ricever per legge il capriccio de' Greci' (*Della Magnificenza*, § LXII).

Secondo Piranesi i cambiamenti di stile nell'arte, come nelle usanze degli uomini, sono dettati dal 'capriccio': 'Del resto, che alle maniere greche siano state a poco a poco posposte le Toscane, non ci dee far maravigliare [...]. Sono queste cose in piena libertà degli uomini, e non è il merito che le rende pregevoli, ma il capriccio' (*Della Magnificenza*, § LVII). E aggiunge ancora che se le maniere greche hanno preso il primo posto rispetto alle etrusche, sarà facile cercare la causa di questo cambiamento 'stando il capriccio in luogo della ragione'. E dopo aver citato le parole di Orazio sulla libertà concessa agli artisti nelle loro creazioni, egli conclude: 'non per questo è lecito agli architetti il far le cose loro a capriccio' (*Della Magnificenza*, § LVIII).

Insomma in questo suo scritto Piranesi ci vuole far credere che egli, in nome della 'ragione' e della verisimilitudine, sia un ardente odiatore di 'capricci' ed in particolare sembra che come architetto se ne voglia totalmente dissociare. È soprattutto dalla lettura di queste pagine che si può dedurre il motivo della totale censura del vocabolo dal nuovo titolo delle *Carceri*.

Soltanto pochi anni dopo però, come vediamo nel *Parere su l'Architettura* del 1765, Piranesi ritratta le concessioni che aveva fatto ai rigoristi. Egli ci presenta un animoso dibat-

[7] G. B. Piranesi, *Della Magnificenza ed Architettura de' Romani* (Roma, pubblicato dall'autore,1761), § LXII.

tito tra due personaggi, un rigorista e un fautore delle teorie dello stesso Piranesi, non più inclini a stabilire compromessi con il nuovo gusto imperante dei razionalisti così critici dei 'capricci'. Per l'incisore, come leggiamo in quest'opera, 'capriccioso' è sinonimo di 'alla libera' e nel seguente brano vengono messi a confronto gli edifici 'capricciosi' con quelli 'ragionevoli' con argomenti che toccano note di estrema polemica. Il portavoce delle idee di Piranesi dice infatti:

> non è egli vero, che voi altri dettate all'Architettura delle leggi, che ella non ha mai avuto? Non v'ho io detto, che a fare un edificio secondo que' principj che vi siete posti in capo, cioè di far tutto con ragione e verità, vi vorreste ridurre a stare in tante capanne? Gli Sciti, i Goti, ed altri popoli barbari, che abitavano in codesti edifizj ragionevoli, fecero guerra a chi abitava ne' fatti alla libera o capricciosi, come ve li volete chiamare, per introdurvisi; ma avete tempo che niuna nazione farà la guerra per ficcarsi ne' ragionevoli.[8]

A questo punto della sua carriera Piranesi raggiunge la piena consapevolezza della validità delle sue vocazioni artistiche più profonde che avevano trovato nelle *Carceri* una nota espressiva così libera. La libertà d'espressione artistica era particolarmente cara a Piranesi in quanto indissolubilmente legata alla 'novità'. E proprio nel *Parere su l'Architettura* troviamo, incise su alcune delle tavole che accompagnano il testo, citazioni che inneggiano al concetto di novità. Tra queste è particolarmente rivelatore il frammento preso dalle *Metamorfosi* di Ovidio in cui si afferma che la natura stessa è innovatrice: RERUMQUE NOVATRIX / EX ALIIS ALIAS REDDIT NATURA / FIGURAS: (XV, 252-53). E la natura che tutto continuamente rinnova, da alcune forme ne produce altre. Questa citazione sembra implicare che se la natura è continuamente artefice di nuove forme sarà giusto concedere anche agli artisti che la imitano di seguire il suo esempio e di introdurre innovazioni nelle loro opere.

Il 'capriccio' era nato per permettere senza incorrere in gravi rimproveri, lo spaziare della mente in tutte le direzioni senza preoccupazione di coerenza, di ordine, di fini prestabiliti. Il suo contenuto svariato, i cui limiti coincidono con quelli dell'umana fantasia, abbraccia, come abbiamo visto, sia motivi giocosi sia motivi seri o addirittura macabri. Non mi sembra quindi che nei titoli di opere contenenti la parola 'capriccio', anche quando toccano temi che possono suscitare spavento, la portata potenzialmente 'raccapricciante' del termine si riferisca al contenuto dell'opera. Mi sembra piuttosto che il riferimento sia alla libertà, alla licenza della creatività con cui l'opera è stata eseguita. Questa attività della mente di esplorare meandri sconosciuti, che si manifesta particolarmente in quelli che abbiamo chiamato 'capricci non concettuali', è già fin dall'inizio più o meno tollerata, più o meno accettata. La deviazione dai sentieri artistici tradizionali e sicuramente approvati, in questa sorta di gioco, può generare una paura metaforica, un 'caporiccio'.

Suggerirei che è in questa libertà, in questa licenza, che risiede l'elemento raccapricciante, 'orripilante'. La difficoltà nel cercare di conciliare il nesso semantico tra 'capriccio' nel senso di paura e 'capriccio' nel senso di desiderio bizzarro si potrebbe forse risolvere in questo modo: il 'capriccio', termine nuovo rispetto a bizzarro o orripilante, contiene rispetto a questi una potenziale ironia. Anche il 'capriccio', come questi altri termini, indica una

[8] G. B. Piranesi, *Parere su l'Architettura* (Roma, pubblicato dall'autore, 1765), p. 11.

trasgressione alle regole, ma sottintende la libertà consapevole, cioè il desiderio bizzarro che si è preso qualcuno che, pur conoscendo bene le regole, vuole indulgere in un tralignamento che farà arricciare i peli in capo. È uno spavento metaforico, ironico, rivolto soprattutto agli intenditori che sono in grado di apprezzare quanto ci si sia allontanati dalle regole. Sarebbero soprattutto loro a trovare questo genere di opera artistica orripilante, ma per la licenza artistica: capo arricciante, capricciosa. L'effetto provocato dalla creazione artistica non ortodossa si identificherebbe quindi con la causa; ciò che rende il capo riccio diventa il capriccio.

Ma l'ironia del 'capriccio' non poteva essere condivisa dai seri e moralizzanti nuovi teorici del Settecento che condannano la libertà senza regole. È proprio questa libertà che sarà sfruttata in modo apertamente critico e 'moderno' da quello che fu forse il più grande creatore di 'capricci', F. Goya. In una lettera del 1794, a proposito dei suoi *Caprichos*, egli scriveva: 'mi sono messo a dipingere un gruppo di quadri [...], nei quali sono riuscito a compiere osservazioni che di solito non trovano posto nelle opere di commissione, dove il capriccio e l'invenzione non possono avere libero corso'.[9]

Piranesi avrebbe potuto sottoscrivere le parole di Goya, ma mentre il pittore spagnolo usa la libertà concessa dal genere capriccioso per fini di satira del costume, Piranesi, nelle sue *Invenzioni Capric*, sembra attento soprattutto alle variazioni sul tema. Tema tuttavia in sè serio e importante, ma capricciosamente rigirato senza un messaggio apparente. Se il tono moralistico dei capricci di Goya viene ribadito dalle didascalie, nella prima edizione delle *Carceri* non esistono scritte con riferimento a punizioni; queste scritte appariranno soltanto in seguito come ripensamento. Se i *Capricci* di Goya si possono riferire al filone dei 'capricci concettuali', quelli di Piranesi, nella loro prima stesura, che è la sola come sappiamo a contenere la parola *capric*, non ci offrono alcuno spunto per una simile catalogazione e possono essere annoverati tra i 'capricci non concettuali'.

D'altra parte è bene tener presente che, anche se spesso ci si riferisce alla prima edizione delle *Carceri* come semplicemente a *Capricci*, il vero titolo è *Invenzioni Capric di Carceri*. L'enfasi è quindi su *Invenzioni* che non è termine in sè partecipe dell'elemento frivolo, come invece in un modo o nell'altro è il 'capriccio'. Ricordiamo anche che, sebbene lo spazio sul frontespizio non mancasse [fig. 3], pure, in modo piuttosto inusuale in un titolo, Piranesi tronca il vocabolo come se già consapevole dei tempi nuovi.

A Piranesi, nella crescente polemica contro i 'capricci' non rimaneva altra alternativa, nel rielaborare i suoi rami, che cancellare il termine non potendolo adoperare, malgrado il tono più alto e drammatico della versione finale, con quella modernità 'impegnata' con cui lo vediamo usato nelle stampe di Goya. Nelle *Invenzioni Capric* poi siamo ben lontani dalla carica sarcastica ottenuta nei Capricci di Goya dovuta in gran parte alla insanabile opposizione tra il tono leggero della parola e il carattere di critica sferzante del contenuto dell'opera. Questo contrasto non esiste nelle *Invenzioni Capric* dove il segno lieve dell'incisione, il 'tono biondo' come l'ha chiamato Focillon, non richiamano alla mente luoghi di tortura, o dove si sconta la pena per qualche delitto commesso.

[9] Si veda R. De Angelis, *L'opera pittorica completa di Goya* (Milano, Rizzoli, 1974), p. 7.

CAPITOLO IV

Le *Carceri* tra scenografia e realtà

La critica ha considerato le *Carceri* di Piranesi nelle loro diverse edizioni prevalentemente come se fossero una sola opera ed avessero un unico significato. A me sembra invece, come già ho accennato e come ribadirò in seguito più ampiamente, che vi sia una diversità, non solo di forma, ma anche di contenuto, tra le due edizioni principali. Inoltre tradizionalmente esse sono state considerate soprattutto come scene per il teatro, ma questa interpretazione in tempi più recenti è apparsa troppo restrittiva; ad essa è stata opposta, come vedremo, un'interpretazione non più disposta a vedere le *Carceri* come semplici scenografie o come semplici sogni. Le *Carceri* infatti, secondo questa moderna lettura, si riferirebbero, come vedremo in seguito, a luoghi realmente esistenti ed identificabili; questi luoghi sarebbero poi in rapporto ad un preciso programma elaborato dall'artista già dalla prima stesura.

Considerando questa disparità di punti di vista e per attenuare un poco quell'aura di mistero che ancora circonda quest'opera, mi sembra opportuno insistere su un'indagine intorno all'origine dell'ispirazione del motivo delle *Carceri* piranesiane; per questa ragione mi riferirò qui soprattutto alla prima stesura, rimandando ad un seguente capitolo l'analisi degli elementi aggiunti nell'edizione finale. Per motivi di praticità mi riferirò alle tavole della prima edizione, che in realtà Piranesi non aveva numerato, usando la numerazione da lui adottata nella stesura finale dell'opera. Desidero quindi chiarire in che rapporto queste tavole siano con il mondo della scenografia ed inoltre appurare se si possano trovare in esse precisi riferimenti a reali prigioni. In questa analisi mi sembra anche opportuno tenere presente i disegni di Piranesi sul tema delle carceri. In essi è infatti possibile cogliere gli spunti iniziali per la elaborazione delle successive incisioni.

Nella letteratura artistica del Settecento troviamo dei riferimenti al tema delle prigioni usate per il teatro e mi sembra interessante per esempio il modo in cui un illustre contemporaneo di Piranesi, Francesco Algarotti, vi allude nel suo *Saggio sopra l'opera in musica* del 1762: 'e chiamano prigione ciò che servir potrebbe per un cortile e forse anche per una piazza'.[1] Questa frase è indicativa dell'uso abituale del tema della prigione nelle scene teatrali e soprattutto del tipo di prigione che si presenta come uno spiazzo, una prigione per così dire

[1] F. Algarotti, 'Saggio sopra l'opera in musica', in *Franceso Algarotti: Saggi*, a cura di G. Da Pozzo (Bari, Laterza, 1963), pp. 145-223 (p. 178).

'all'aperto' che Algarotti condanna in nome della verosimilitudine. Del resto è noto che accanto a scene di tradizione barocca come: reggia, città, marina ecc., quella della prigione si trovava nel consueto repertorio teatrale.

La critica dell'Algarotti mi sembra particolarmente rilevante in quanto è rivolta ad un determinato stile, cioè ad una interpretazione del luogo di pena, non dissimile da quella conferita da Piranesi ad alcune delle sue *Carceri*. La tavola numero IV [fig. 8] e la IX [fig. 17] in particolare ci fanno pensare a dei luoghi aperti, mentre altre giocano su alternanze di interni ed esterni come per esempio la tavola II [fig. 5] e la V [fig. 10], queste però entrambe aggiunte nell'ultima edizione. Infine troviamo architetture tipiche di facciate esterne usate per luoghi che devono apparire come interni, per esempio nella tavola III [fig. 6].

Francesco Algarotti, brillante uomo di mondo e di cultura, in contatto oltre che con Voltaire e Federico di Prussia anche con Monsignor Bottari, il dotto protettore di Piranesi, lamentava nel suo *Saggio* sopra menzionato, il fatto che gli scenografi seguaci del famoso Ferdinando Bibiena avessero tralignato dagli insegnamenti del maestro. Bibiena, nella sua *Architettura civile preparata sulla geometria e ridotta alle prospettive* del 1711, aveva teorizzato la veduta per angolo e se ne era dichiarato inventore. Algarotti apprezza il valore illusionistico e la varietà offerta da tale composizione; la portata innovatrice dello scenografo è messa in risalto dallo stesso Algarotti attraverso un paragone tra la scena per angolo e quella precedente di tradizione classica dove il punto di fuga si trovava al centro della composizione. 'E già parvero cose pur troppo secche quelle strade, que' viali, quelle gallerie che corrono sempre al punto di mezzo, dove insieme con la veduta se ne va a finire la immaginazione dello spettatore' (Algarotti, p. 177).

Purtroppo però secondo l'Algarotti gli allievi di Bibiena si sono:

> Rivolti [...] ad imitare ciò che nelle sue invenzioni vi era di più facile, cioè la bizzarria, e lasciato il fondamento dell'arte che le rendea verisimili, si allontanarono via via da lui, facendo professione di seguirlo. Le più nuove fantasie, i più gran ghiribizzi del mondo, trabiccoli, centinamenti, tritumi, trafori, ogni cosa è messo da loro in opera, purchè abbia dello strano. (Algarotti, p. 177)

E, continua con enfasi l'Algarotti, includendo la frase già sopra citata, proprio per 'una certa loro arbitraria prospettiva che sonosi creati in mente [...] chiamano prigione ciò che servir potrebbe per un cortile e forse anche per una piazza'.

La causa quindi di queste mal congegnate prigioni, secondo lo scrittore, è dovuta ad una 'arbitraria prospettiva'. In effetti tra i vari disegni e incisioni sul tema delle carceri, le incisioni di Piranesi si distinguono per l'uso non ortodosso della prospettiva mentre in esse è anche visibile, in modo più o meno accentuato nella struttura del disegno, la prospettiva per angolo, tanto sfruttata da Ferdinando Bibiena e dalla sua scuola; è così probabile che l'Algarotti, nella sua critica, avesse in mente particolarmente le *Carceri* di Piranesi la cui seconda edizione con le sue varianti e aggiunte veniva ristampata nel 1761. Le *Carceri* infatti potevano apparire come deviazione stilistica di quel genere di scenografia che fa capo a Ferdinando Bibiena ed al suo ambiente. Le considerazioni dell'Algarotti sembrano convalidare l'idea che la genesi delle *Carceri*, anche se queste appaiono così libere nel loro disegno, sia da ricercarsi nella scenografia.

Nel rintracciare i motivi ispiratori che sono alla base delle *Carceri* è utile riferirsi alla *Carcere oscura* del 1743, inclusa nella *Prima Parte di Architetture e Prospettive* [fig. 35]. Se infatti prendiamo in esame la *Carcere oscura*, particolarmente interessante come antesignana delle *Carceri*, vediamo, in modo più accentuato rispetto a queste ultime, una somiglianza nella sua struttura, se non nell'uso fortemente chiaroscurale, con alcuni dei disegni per esempio di Giuseppe Galli Bibiena, uno dei figli di Ferdinando. Il suo disegno a penna [fig. 36], contenuto nell'album di schizzi datati dal 1728 al 1734, mostra un simile uso della scena per angolo. Questa dà origine ad una veduta principale in diagonale ritmata da archi attraverso i quali si intravedono altre costruzioni. In entrambe le opere è presente il repertorio usuale connesso con le prigioni disegnate per il teatro: oculi con grate, catene, scale e ballatoi.

L'impressione di solidità della *Carcere oscura* è però, a confronto dello stesso tema eseguito da altri artisti, indice di interessi architettonici classicheggianti 'documentati', già espliciti nel giovane Piranesi. La struttura massiccia e l'impronta antica romana della *Carcere oscura* si può anche spiegare con il fatto che essa fa parte di una serie di tavole, che secondo la dedica dell'opera dello stesso Piranesi, deve dimostrare le sue capacità architettoniche e la familiarità acquisita con le imponenti costruzioni romane.

Se è vero che in questa tavola la componente architettonica romana è evidente, il titolo *Carcere oscura* sembra riandare a ricordi veneti. Secondo G. Scarabello,[2] già dal sedicesimo secolo a Venezia le segrete completamente buie venivano usate per indurre i sospetti alla confessione. Nel Settecento poi, i rei di delitti estremamente gravi venivano rinchiusi in celle 'oscure', mentre i rei di delitti meno gravi, 'delitti infamanti', erano segregati in celle 'alla luce'. L'assenza o la presenza della luce erano così in relazione alla gravità della colpa. Si potrebbe quindi dire, almeno riferendoci al titolo *Carcere oscura*, che Piranesi abbia scelto di rappresentare il luogo dove si espia il massimo grado della colpa.[3] Questo non diminuisce tuttavia la componente teatrale di questa incisione, che tra l'altro, malgrado il riferimento all'oscurità, di cui leggiamo nella didascalia, fa un uso deciso dell'effetto della luce.

Non c'è dubbio che tra tutte le carceri disegnate ed incise da Piranesi la *Carcere oscura* sia quella più 'edificabile' anche per la scena. Legrand ne scrive nel modo seguente: 'una prigione pittoresca e di un effetto così suggestivo che fu presto realizzata per le scene nei principali teatri d'Europa'.[4]

Che esista poi una forte componente scenografica non solo in questa scena di Carcere, ma anche nelle altre tavole della *Prima Parte* ed in quasi tutta l'opera di Piranesi è, come già

[2] G. Scarabello, *Carcerati e Carceri a Venezia nell'età moderna* (Roma, Istituto della Enciclopedia Italiana, 1979), p. 200.

[3] E se vogliamo interpretare ulteriormente la didascalia con il suo inizio minaccioso: *Carcere oscura con Antenna pel suplizio de' malfatori*, vediamo che Piranesi è dalla parte legale costituita che si serve del luogo di pena 'pel suplizio de' malfatori'. Ritengo dunque che qui Piranesi mostri di essere ben lontano dallo spirito riformista dei suoi contemporanei come Cesare Beccaria, che nel 1764 pubblicava il suo celebre *Dei delitti e delle pene*; lontano quindi anche dagli illuminati amici del Beccaria così critici dei sistemi punitivi carcerari in atto al loro tempo e di tutto il farraginoso bagaglio di leggi ereditate dall'antichità.

[4] '[U]ne prison pittoresque et d'un effet si piquant qu'elle fut bientôt exécutée en décoration dans les principaux théâtres de l'Europe' (Legrand, p. 223). In effetti sembra che questa prigione sia da identificarsi con quella descritta da l'*Avant coureur* del 21 aprile 1760 eseguita per il *Dardanus* a Parigi nello stesso anno. Si veda il catalogo *Piranèse et les Français* (Roma, Edizioni dell'Elefante, 1976), p. 114.

Fig. 37 G. B. Piranesi, Veduta, nella Via del Corso, del Palazzo dell'Accademia, da: *Vedute di Roma.*

accennato, cosa spesso ripetuta. È stato anche detto come, particolarmente nelle *Vedute di Roma* [fig. 37], sia presente quel tratto comunemente detto scenografico, tipico delle vedute del Settecento, contraddistinto da un ampio angolo visivo in primo piano che si restringe in un rapido scorcio. La componente scenografica è in effetti particolarmente forte all'inizio della carriera artistica di Piranesi e le sue prime opere potrebbero corrispondere ai tipi di scena di cui parla Vitruvio (V, 6, 9). Quel Vitruvio che il giovane Piranesi già cita nella sua *Prima Parte* a supporto del suo operato.

Vitruvio menziona tre tipi di scene: la tragica in cui è accentuato l'elemento monumentale e a questa potrebbero appartenere la *Prima Parte* e le *Carceri*, entrambe eseguite negli anni quaranta; inoltre la scena comica in cui si riproducono edifici nel loro aspetto 'vero' e comune: a questa potrebbero appartenere le piccole vedute di Roma [fig. 38], che già cominciavano ad apparire in guide della città datate dal 1741. Infine la scena satirica che si svolge all'aperto in ambienti agresti ed a questa potrebbero appartenere i *Grotteschi* [fig. 39] dati alle stampe nel 1750.

Troviamo del resto nelle prime notizie biografiche su Piranesi come egli avesse ricevuto un'educazione scenografica: 'Avea questi diciott'anni appena quando determinossi a venire alla fonte delle bell'arti, cioè alla gran Roma ove studiò la prospettiva sotto i Valeriani pittori teatrali allora in qualche voga' (Bianconi, p. 127).

Secondo J. G. Legrand: 'Piranesi aveva acquistato alla scuola di *Ferdinando Galli*, detto Bibiena e dei fratelli Valeriani, celebri scenografi con i quali aveva dipinto nei teatri di Venezia e di Bologna questa facilità di prospettiva e questa conoscenza delle linee e degli

Fig. 38 G. B. Piranesi, Chiesa del Gesù, 1745; una delle piccole vedute di Roma

effetti teatrali che gli permettevano un gioco di composizioni molto grandi e complicate'.[5]

Anche se non tutti i particolari di queste informazioni sono attendibili, quello che è rilevante è la coincidenza di notizie nei due biografi per quello che riguarda l'apprendistato di Piranesi come scenografo. Egli, che fin dalla sua prima opera, *Prima Parte di Architetture e Prospettive*, si presenta come architetto ed ha cura di firmarsi come tale nelle singole tavole che la compongono, si accomuna così alla illustre ed antica tradizione di architetti scenografi da Raffaello e da Peruzzi per arrivare fino ai suoi contemporanei come Juvarra. Filippo Juvarra era stato da lui molto elogiato nell'introduzione alla *Prima Parte* insieme a Vanvitelli, entrambi autori di disegni e stampe di *Carceri* affini a quelle di Piranesi.[6] Se il posto conferito all'architettura da Piranesi è così eccelso, non si può tuttavia trascurare l'esempio che anche pittori scenografi suoi contemporanei come Canaletto e Marco Ricci potevano offrirgli.

Nel parlare dello stile scenografico delle *Carceri*, è stato notato come la compenetrazione

[5] 'Piranesi avait acquis à l'école de *Ferdinand Galli*, dit Bibiena et des frères *Valeriani*, célèbres décorateurs avec lesquels il avait peint aux théâtres de Venise et de Bologne cette facilité de perspective et cette connaissance des lignes et des effets de théâtre qui lui faisaient un jeu des compositions les plus grandes et les plus compliquées' (Legrand, pp. 223-24).

[6] Per i rapporti tra Juvarra e Piranesi si veda. A. Griseri, 'Itinerari Juvarriani', *Paragone*, 8 (1957), 40-59; ed il suo più recente 'Piranesi e l'illuminismo', in *Piranesi tra Venezia e l'Europa* (Firenze, Olschki, 1983), pp. 305-24. Per Vanvitelli e Piranesi si veda C. De' Seta, 'Disegni di Luigi Vanvitelli: architetto e scenografo', in *Luigi Vanvitelli*, a cura di R. De Fusco (Napoli, Edizioni Scientifiche Italiane, 1973), pp. 273-311 (p. 279 scheda n. 6), ma si veda anche R. Pane, *Paestum nelle acqueforti di Piranesi* (Milano, Edizioni di Comunità, 1980), fig. 10 (didascalia); lo studioso infatti è del parere che alcuni disegni di carceri appartenuti a Luigi Vanvitelli ed a lui tradizionalmente attribuiti, siano in realtà opera di Piranesi.

Fig. 39 G. B. Piranesi, Grottesco

di interni ed esterni, frequente in quest'opera, sia fattore caratteristico dei palazzi concepiti per il teatro;[7] ed inoltre che, come nella scena tardo barocca lo sguardo è sí attirato in profondità, ma anche verso l'alto, verso la volta, così nelle *Carceri* l'enfasi è spesso rivolta verso l'alto e questo ancor più che in profondità. Anche il taglio della composizione, tale per cui possono apparire scale di cui non si vede l'inizio, come per esempio nella tavola XIV [fig. 27], è già presente in disegni dello Juvarra e dei Bibiena. Insomma tutto il trattamento dello spazio, la scena per angolo, gli scorci accentuati in diagonale, la visione verso l'alto richiamano i modi della scenografia.

Tuttavia è giusto dire che, considerando il suo impianto architettonico, la serie delle *Carceri* non si sarebbe potuta 'edificare' neppure nel mondo fittizio della scena. Questo è il parere di un certo numero di studiosi tra i quali V. Mariani: 'Le "carceri" del Piranesi stanno [...] e restano [...] come un sogno che non possiamo pensare tradotto in realtà, nemmeno in teatro';[8] e M. Viale Ferrero che sostiene che le *Carceri* di Piranesi: 'Scenografiche, nel senso stretto del termine, non sono: in quanto incuranti di ogni pratica possibilità di realizzazione - e sia pure una realizzazione fittizia, com'è quella scenica'.[9] Il carattere paradossale

7 J. Garms, 'Piranesi e la Scenografia', in *La scenografia barocca*, a cura di A. Schnapper (Bologna, Editrice Clueb, 1982), pp. 117-28 (p. 119).

8 V. Mariani, *Storia della scenografia italiana* (Firenze, Rinascimento del Libro, 1930), p. 66.

9 M. Viale Ferrero, *La scenografia del '700 e i fratelli Galliari* (Torino, Edizioni d'Arte Fratelli Pozzo, 1963), p. 51, nota 22.

delle costruzioni di Piranesi era stato presto colto da Horace Walpole, l'iniziatore dei romanzi gotici,[10] che nei suoi *Anecdotes of Painting in England*, presentando le opere dell'incisore come esempi per gli artisti da imitare, ne parla come dei

> sogni sublimi di Piranesi che sembra aver concepito visioni di Roma che oltrepassano quello che poteva vantare perfino all'apice del suo splendore. Selvaggio come Salvator Rosa, veemente come Michelangelo ed esuberante come Rubens, ha immaginato scene da far sussultare la geometria e che esaurirebbero le ricchezze delle Indie per la loro realizzazione. Ammassa palazzi su ponti e templi su palazzi e dà la scalata al cielo con montagne di edifici.[11]

È probabile che questa descrizione, dove è così insistito l'aspetto fantastico e irrealizzabile dell'architettura, si ispiri in particolare alle *Carceri*. Ora, mentre per la *Carcere oscura* abbiamo la testimonianza di un suo uso diretto per il teatro, non ci risulta che le altre incisioni di carceri di Piranesi siano state realizzate per le scene. Del resto la *Carcere oscura*, 'costruita' con quella cura caratteristica delle architetture della *Prima Parte*, apparteneva a quel gruppo di edifici potenziali ispirati, come abbiamo visto, alla grandezza romana e non al genere di 'invenzioni capricciose' in cui gli elementi non funzionali, 'gratuiti' possono avere libero sfogo.

Malgrado la differenza di stile tra la *Carcere oscura* e le altre tavole di carceri, c'è chi invece ha sottolineato tra loro un forte legame. Questo è il parere del regista russo Ejzenstejn che descrive una metamorfosi in atto dalla stampa giovanile della *Carcere oscura* 'edificata' in pietra a quelle dello stesso soggetto eseguite qualche anno dopo e in cui è apparente l'introduzione di travi di legno. Attraverso una serie di dilatazioni, compressioni, esplosioni, resi possibili anche per il diverso impiego dei materiali da costruzione, il legno infatti si aggiunge alla pietra, Ejzenstejn vede in particolare come la *Carcere oscura* [fig. 35] si sia potuta trasformare nella tavola XIV delle *Carceri d'Invenzione* [fig. 28].[12]

In ogni modo anche se si vuole riconoscere un forte legame tra la *Carcere oscura*, così accettabile dal punto di vista della scenografia, e le seguenti *Carceri*, si può osservare che queste ultime, a parte le loro caratteristiche stilistiche, contengono altre peculiarità che le separano dal mondo del teatro. E questo sia perchè costituiscono variazioni su un unico tema incise in una serie, sia soprattutto per il fatto di essere state indirizzate ad un pubblico indifferenziato e non alla cerchia ristretta della gente di teatro.

Le *Carceri* infatti costituiscono una serie che, dal momento che è stata incisa, si esplica in una forma multipla e relativamente duratura rispetto a dei disegni. Tutto ciò presenta un

10 J. Andersen vede nell'opera di H. Walpole, *The Castle of Otranto*, considerato il primo dei romanzi gotici, una diretta influenza della tavola VIII [fig. 16] delle *Carceri*. Si veda J. Andersen, 'Giant Dreams. Piranesi's Influence in England', *English Miscellany*, 3 (1952), 49-60.

11 '[S]ublime dreams of Piranesi, who seems to have conceived visions of Rome beyond what it boasted even in the meridian of its splendour. Savage as Salvator Rosa, fierce as Michael Angelo, and exuberant as Rubens, he has imagined scenes that would startle geometry, and exhaust the Indies to realise. He piles palaces on bridges, and temples on palaces, and scales Heaven with mountains of edifices'. H. Walpole *Advertisement* dei suoi *Anecdotes of Painting in England*, 4 voll. (Twickenham, Strawberry Hill Press, 1762-71). L'*Advertisement* stampato nel 1771 fu pubblicato nel 1780; si veda a questo proposito M. Praz, *Piranesi: Magnificenza di Roma* (Milano, Edizioni il Polifilo, 1977, prima edizione 1961), p. 15.

12 Si veda S. M. Ejzenstejn, 'Piranesi o la fluidità delle forme', traduzione italiana di M. Lenzi, *Critica d'arte*, 14 (1987), 13-21.

elemento di novità con delle implicazioni, mi sembra, interessanti, di cui la principale è che cambia il destinatario dell'opera. Vediamo che la maggior parte delle testimonianze visive lasciateci dai vari artisti sul tema delle carceri è costituita da disegni. È anche vero che esiste un numero esiguo di incisioni sul tema delle *Carceri*, ma mentre i disegni possono costituire progetti non necessariamente realizzati, le incisioni sembrano riferirsi ad opere effettivamente messe in scena. Queste incisioni non formano in ogni modo una serie basata su un unico argomento, ma documentano una soltanto delle varie scene usate per lo spettacolo.

Anche Piranesi ci ha lasciato dei disegni che si riferiscono al topos del *Carcere* ed alcuni di questi trovano un diretto riscontro con le sue tavole incise. Direi che nel momento in cui Piranesi decide di passare dagli schizzi alle incisioni e di raccogliere le varie tavole in un'opera a sè, muta il fine usuale di questi disegni, quello cioè diretto al teatro e ad esso legato. Infatti non sembra che il suo scopo fosse di reclamizzare un'opera per le scene attraverso le incisioni come non ci risulta che queste abbiano avuto un'attuazione pratica nei teatri. Sottratte così al mondo effimero della scenografia, per cui egli si sarebbe potuto limitare a dei semplici disegni, Piranesi offre in vendita queste stampe al vasto pubblico. Tra l'altro la deviazione di un tipo di produzione artistica tradizionalmente legata al teatro dall'oggetto normale, cioè il palcoscenico, può essere ritenuto un altro motivo di 'capricciosità'.

Che Piranesi non indirizzasse le *Carceri* alla cerchia ristretta degli addetti ai lavori nel mondo del teatro è provato dai cataloghi a stampa, incisi dall'autore stesso, per far conoscere le sue opere che offriva direttamente in vendita al pubblico.

Alcuni di questi cataloghi hanno dei destinatari espliciti, come per esempio quello per il console Smith, il famoso collezionista e protettore di Canaletto; tra i destinatari si possono annoverare anche Monsignor Bottari e gli Accademici di San Luca. L'esemplare del catalogo dell'Accademia di San Luca del 1761 è probabilmente il più antico ed è particolarmente importante per le tavole delle *Carceri* perchè ne sono citate quindici delle sedici dell'edizione finale [fig. 40]. Soltanto qualche mese più tardi dello stesso anno, in altri cataloghi, ne appaiono menzionate sedici; le implicazioni di questo fatto verranno discusse in seguito.

Come già detto, nessuno prima di Piranesi aveva attuato il piano di stampare in una serie per il pubblico dei disegni tradizionalmente destinati al teatro sul tema delle prigioni, ed è proprio in questo modo che il teatro viene messo in secondo ordine e che le *Carceri* assumono nuovi significati che trascendono quello limitato che è alla loro origine. Se le *Carceri* non sono dirette principalmente al teatro ci si può chiedere se, analogamente a certi capricci musicali, sono soprattutto variazioni sul tema che in questo caso sfrutterebbero principalmente virtuosismi di immaginate prospettive o se vi si può riscontrare un nesso con delle carceri vere e proprie, in particolare con quelle delle due città che erano familiari all'incisore, Venezia e Roma.

Se consideriamo le prigioni di Venezia contemporanee a Piranesi è subito evidente per la loro planimetria e la scarna semplicità delle loro strutture che nè i *Piombi* (di cui esiste una dettagliata descrizione di G. Casanova nella sua *Storia della mia fuga dai Piombi*), nè le anguste *Prigioni Nuove*, nè gli umidi e bui *Pozzi* presentano connessioni con l'architettura delle sue *Carceri*.

Per quanto riguarda le prigioni romane non è certamente alle più moderne che Piranesi si è ispirato, come per esempio la casa di correzione del *San Michele* di Carlo Fontana del-

Fig. 40 G. B. Piranesi, Catalogo dedicato agli Accademici di San Luca. Roma, Accademia di San Luca

l'inizio del Settecento. Qui, in un'ampia aula che ricorda la navata di una chiesa, è inserito un sistema cellulare e l'ordine e la simmetria architettonica permettevano il controllo sui carcerati. In questo luogo la razionalizzazione dell'architettura costituiva il presupposto per una regolata espiazione della pena. Questi nuovi criteri di costruzione carceraria sono ben lontani da quelli, tanto meno razionali, ma tanto più suggestivi, usati da Piranesi. E certamente nè la casa di correzione del *San Michele* nè le precedenti *Carceri Nuove* di Via Giulia del 1655 offrono nella loro struttura una qualche somiglianza con le *Carceri* di Piranesi; anche se la tavola IX [fig. 17], così poco alterata nelle varie edizioni, presenta nella forma del massiccio portale una certa analogia di disegno con quello delle *Carceri Nuove* di Via Giulia [fig. 41]. Affinità tra questi portali si riscontrano nei piedritti ad asse inclinato, nel traverso superiore dotato di sbalzi laterali, nel battente molto incassato e nei gradini di accesso.

Ma è proprio guardando questa tavola IX e considerando il carattere etrusco del portale che William L. MacDonald suggerisce una stretta connessione tra questa ed il *Carcere Mamertino*.[13] Infatti, se non nella Roma contemporanea o quasi, a quella di Piranesi, analogie con le *Carceri* sono state più facilmente individuate nelle costruzioni della Roma antica e primitiva, alcune delle quali fungevano da carceri.

Molti studiosi concordano nel riconoscere non solo nella *Carcere oscura*, ma anche nella serie delle *Carceri* una forte impronta di romanità ispirata dai molti edifici antichi, oggetto di appassionati studi da parte di Piranesi. Tra questi edifici si annoverano le terme romane, il Tabularium, il Mausoleo di Adriano, sede di famose prigioni. Tra tutte le antiche costruzioni è però il Carcere Mamertino con le strutture ad esso in origine connesse, ad essere stato citato da M. Calvesi, già dal 1967, come fonte diretta delle *Carceri* di Piranesi, con l'avvertenza però di tener presente la tendenza peculiare dell'incisore ad ingigantire gli spazi.[14] Secondo Calvesi, proprio per il fatto che le *Carceri* si riferiscono all'antico carcere romano, il loro tema sarebbe 'la glorificazione della grandezza romana in quanto fondata sulla giustizia e su un ideale di ordine'.[15] In ogni modo malgrado questa suggestiva proposta di identificazione, con tutte le conseguenze di interpretazione ad essa legate, a mio parere nelle *Carceri* permane quella varietà di architetture che sembra indicare luoghi non solo alquanto diversi l'uno dall'altro, ma anche di epoche diverse.

Come esempio di questa diversità si possono menzionare gli archi gotici nella tavola XIV, presenti sia nella prima sia nell'ultima edizione [figg. 27 e 28]. Tra i disegni preparatori per

[13] W. L. MacDonald, *Piranesi's Carceri: Sources of Invention* (Northampton, Mass., Smith College, 1979), pp. 18-19.

[14] M. Calvesi, 'Saggio introduttivo', nell'edizione italiana di H. Focillon, *Giovanni Battista Piranesi* (Bologna, Alfa, 1967), pp. V-XXXVI; ed anche 'Riscontro con i luoghi e le fonti', in *Piranesi nei luoghi di Piranesi* (Roma, Multigrafica Editrice / F.lli Palombi Editori, 1979), pp. 25-28 (p. 25). Dalle osservazioni dello studioso si può dedurre che è soprattutto nella prima stesura dell'opera che le somiglianze con il Mamertino sono evidenti; in particolare tra la volta della tavola del frontespizio e la volta a blocchi irregolari del Mamertino. Puntuali somiglianze con l'antico carcere romano sono state riscontrate anche nelle tavole IV, VII e specialmente nella XII. Un cippo marmoreo per l'incatenamento dei carcerati presente nel Mamertino è stato visto come motivo ricorrente in alcune tavole, come la VIII, nella stesura finale, mentre era già presente nella prima edizione delle tavole X, XII e XIII. Da questa lettura risulta che almeno sette delle tavole offrirebbero un riscontro diretto con il carcere romano. Si può notare che in questo elenco non è annoverata la tavola IX che è invece l'unica ad essere stata messa in relazione con il Mamertino da W. L. MacDonald nell'opera citata sopra.

[15] M. Calvesi, *Giovanni Battista e Francesco Piranesi* (Roma, catalogo della mostra della Calcografia Nazionale, De Luca Editore, 1967-68), p. 11.

Fig. 41 Portale d'ingresso delle *Carceri Nuove* di Via Giulia a Roma

Fig. 42 G. B. Piranesi, Disegno di carcere. Edinburgh, National Gallery of Scotland (D 1858)

le incisioni delle *Carceri* tre sono stati identificati come direttamente riferibili alla tavola XIV; in questi gli archi gotici sono ancora più evidenti, come si può vedere nel disegno di Edimburgo [fig. 42] e in quello più tardo del British Museum [fig. 43]. Nel paragonare i disegni con le incisioni bisogna naturalmente tenere presente il rovesciamento dell' immagine occorso durante il processo della stampa.

Se la tavola XIV sembra riecheggiare una costruzione gotica, altre richiamano tratti barocchi. Ancora una volta i disegni preparatori ci possono venire in aiuto per chiarire la fonte ispiratrice dei motivi delle tavole. Il disegno, sempre al British Museum [fig. 44], interpretato come *Interno di Palazzo*, si presenta come una fantasia barocca, ma questa stessa, con il rifacimento della parte soprastante l'arco, ritroviamo tradotta in un carcere nel primo stato della tavola XI [fig. 21].[16]

[16] Si veda P. May Sekler, 'Notes on Old and Modern Drawings: Giovanni Battista Piranesi's "Carceri" Etchings and Related Drawings', *The Art Quarterly*, 25, iv (1962), 330-63 (p. 346); J. Wilton-Ely, *Piranesi* (London, Arts Council of Great Britain, 1978), p. 74, numero 193a; A. Robison, *Giovanni Battista Piranesi: The Early Architectural Fantasies* (Washington, National Gallery of Art), 1978, p. 53, numero 13.

Fig. 43 G. B. Piranesi, Disegno di carcere. London, British Museum (1908-6-16-8)

I numerosi archi, che dominano nella struttura architettonica delle *Carceri*, spesso riecheggiano degli archi di ponti che suggeriscono la presenza dell'acqua, come nella tavola appena menzionata ed ancora più chiaramente nel disegno che ad essa si riferisce. Archi, nelle *Carceri*, erano già stati associati a dei ponti su corsi d'acqua da scrittori inglesi del Settecento, come W. Beckford che collega Venezia, in particolare il Ponte dei Sospiri, a questa opera di Piranesi. Ecco come egli ricorda in una delle sue lettere del 1780 l'emozione provata passando con la gondola sotto il famoso ponte:

> rabbrividii mentre vi passavo sotto; e credo che non senza motivo questa struttura si chiami PONTE DEI SOSPIRI. Orrori e cupe visioni hanno ossessionato la mia fantasia al mio ritorno. Non ho potuto cenare in pace, tanto fortemente era colpita la mia immaginazione; ma afferrando la matita, ho disegnato baratri e cavità sotterranee, il regno della paura e della tortura, con catene, banchi di stiramento, ruote, e macchine spaventose, nello stile di Piranesi.[17]

[17] 'I shuddered whilst passing below; and believe it is not without cause, this structure is named PONTE DEI SOSPIRI. Horrors and dismal prospects haunted my fancy on my return. I could not dine in peace, so strongly was my imagination affected; but snatching my pencil, I drew chasms and subterraneous hollows, the domain of fear and torture, with chains, racks, wheels and dreadful engines, in the style of Piranesi': W. Beckford, *Italy, Spain, and Portugal* (London, Richard Bentley, 1840), p. 62.

Fig. 44 G. B. Piranesi, Disegno di interno di palazzo. London, British Museum (1908-6-16-20)

In epoche più recenti J. Scott nomina alcune specifiche tavole: la X [fig. 19], la XI [fig. 21] e la XV [fig. 29], per le loro connessioni con il *Magnifico Porto* [fig. 34], non per quanto riguarda lo stile, ma per motivi architettonici come gli archi e per dettagli come gli anelli ornati da teste di leone per l'attracco delle barche.[18] Questi appaiono in posizione centrale nella tavola XV [fig. 29]. Il *Magnifico Porto* si presenta come una ricca elaborazione del precedente *Ponte Magnifico* [fig. 33] della *Prima Parte* del 1743, in cui il motivo dell'arco visto dal basso, così frequente nelle *Carceri*, è già molto evidente.

Tornando ai disegni, ma rimanendo sull'argomento dei ponti, somiglianze sono state colte tra il disegno di Amburgo [fig. 45] e la tavola VII [fig. 13]: in entrambi colpisce la presenza di un ponte levatoio. Altri disegni, pur presentando affinità con quelli del genere delle *Carceri* sia per un simile uso della prospettiva, sia tra l'altro, per l'uso di ponti e balaustrate eseguiti con tratto rapido e con marcati contrasti di luci e di ombre, non si possono direttamente riferire alla serie delle *Carceri* stampate. Questi disegni infatti non trovano in esse una trasposizione fedele, tuttavia possono contribuire a riportarci alla loro genesi, come lo schizzo a penna ed acquerello del British Museum, che mostra una veduta descritta come: *Ponte monumentale, ponte levatoio e grande edificio* [fig. 46]. Questa volta il ponte levatoio, posto com'è sopra un corso d'acqua, sembra situato nel suo proprio ambiente naturale, a dif-

[18] J. Scott, *Piranesi* (London, Academy Editions, 1975), p. 59.

Fig. 45 G. B. Piranesi, Disegno di carcere. Hamburg, Kunsthalle (1915 / 648)

ferenza di quanto possiamo osservare nella prima stesura della tavola VII [fig. 13] dove è sospeso sopra vaghe forme richiamanti il fumo. Quest'ultima tavola in realtà evoca idee molto disparate, particolarmente discordi nella sua prima edizione, trasmesse sia attraverso le immagini sia attraverso le parole. Qui, infatti, nella zona sottostante al ponte levatoio, sulla struttura muraria con anelli, appare una scritta non facilmente decifrabile [fig. 47] che secondo la mia seguente proposta di lettura, sottolinea l'incongruità della scena.

Prima di accingermi a quest'opera di interpretazione devo premettere alcune considerazioni: per prima cosa, la mancanza di precisione della scrittura nell'opera a stampa giovanile di Piranesi. Questo è chiaramente dimostrato nel primo stato del frontespizio delle *Carceri* in cui leggiamo *datte* invece di *date*, *Giovani* per *Giovanni e Buzard* in luogo di *Bouchard*, quest'ultimo nome presto corretto a partire dalla prima edizione [fig. 3]. Altro punto rilevante da considerare è la difficoltà di esecuzione della scrittura speculare, necessaria per l'incisione, e i conseguenti errori che ne possono derivare, come nel caso specifico trattato. Inoltre, nella tavola VII siamo di fronte a dei segni incisi con estrema levità, indice di un probabile ripensamento da parte dell'autore che sembra aver deciso di trascurare le parole appena accennate che verranno infatti eliminate nell'ulteriore elaborazione. Si può notare che già dalla prima edizione la scritta è in parte coperta, infatti una fune che pende dall' alto sembra volutamente ostacolarne la lettura. Infine c'è da tener presente l'uso, non

Fig. 46 G. B. Piranesi, Disegno di ponte monumentale, ponte levatoio e grande edificio. London, British Museum (1908-6-16-42)

infrequente da parte di Piranesi, di lasciare le parole tronche. Date queste premesse e considerando che le lettere visibili sono:

SOT C RC I
NI ES DA
PIRA IS

Ed inoltre considerando NI ed ES della seconda riga, ed IS della terza come inversioni di rispettivamente: IN, SE, e SI, proporrei la seguente lettura della scritta in forma integra:

SOTTERRANEE CARCERI
INCISE DA
PIRANESI

Le lettere di indubbia lettura, SOT, mi sembra che non possano riferirsi ad altro che ad un'idea di un carcere sotterraneo. Del resto nel volume di Piranesi intitolato *Le Magnificenze di Roma* del 1751 l'autore include anche la serie delle *Carceri* da lui qualificate come *Molti Capricci Di Carceri Sotterranee*, rendendo verbalmente esplicito il luogo in cui queste sono situate. Ma anche se in origine le *Carceri* sono pensate come sotterranee, esse presentano aspetti antitetici. In questa tavola VII [fig. 13] troviamo un contrasto tra le parole in parte nascoste e le immagini, tra la scritta cioè che allude all'elemento sotterraneo ed il ponte levatoio, associato in origine nei disegni, all'acqua e al passaggio di barche. Dal punto di vista puramente visivo si nota un contrasto tra linee architettoniche che puntano sia verso un basso di cui ci è preclusa la visione finale, allusivo al sotterraneo, sia verso un alto potenzial-

Fig. 47 G. B. Piranesi, *Invenzioni Capric* dettaglio della tavola VII

mente illimitato. Qui troviamo un compendio di elementi ricorrenti nelle altre tavole. Questo, insieme alla frase abbozzata sul pilastro, che ha caratteristiche di un titolo, suggerisce che proprio per il suo carattere compendiario, a mo' di proemio riassuntivo, questa stampa si possa considerare come un progetto di frontespizio per tutta l'opera, poi abbandonato.

Per quanto riguarda i disegni sul tema della prigione abbiamo visto che alcuni di questi trovano una corrispondenza diretta nelle tavole incise delle *Carceri*, come per esempio quello di Amburgo con i trofei [fig. 48], e la tavola VIII [fig. 15]; altri disegni, invece, pur mostrando delle connessioni meno esplicite, sono tuttavia utili per dare un'idea della grande varietà di motivi ispiratori che contribuiscono alla creazione delle *Carceri*. Ecco quindi, reso più esplicito dal riferimento dei disegni alle incisioni, un confluire nelle *Carceri* di associazioni tra ponti, edifici romani dalle grandiose volte, costruzioni goticheggianti e barocche, associazioni con l'acqua e con il cielo all'aperto, ma anche con il mondo sotterraneo, ricordi di un passato lontano e di uno più recente.

La libertà con cui Piranesi, in questa sua opera, passa da un'epoca all'altra, da un motivo all'altro, giustifica il commento di A. Bettagno alle *Carceri*. Piranesi infatti nel 1764 aveva curato un'edizione di stampe riprese da disegni del Guercino e sul frontespizio di questa raccolta aveva tra l'altro inciso, come abbiamo già menzionato, una tavolozza imbrattata e, tra le sue macchie, le parole: 'Col sporcar si trova'. Parole che sembrano significare che l'invenzione nasce dalle forme confuse. Bettagno ha associato questa sorta di motto all'operare di Piranesi nell'ultima edizione delle *Carceri*.[19] Ora, malgrado le parole incise da Piranesi sulla tavolozza siano cronologicamente più vicine alle *Carceri d'Invenzione* che non alle *Invenzioni Capric*, sono del parere che queste parole rivelino un procedimento che meglio si adatta alle prime *Carceri* dove le linee curve, le forme indefinite, sono più evidenti. Infatti la prima serie delle *Carceri*, in sintonia con il suo carattere 'capriccioso' indicato dal titolo, è ancora scevra dai seguenti processi di 'razionalizzazione', che vediamo attuati, anche se si può dire in modi non logici, nelle ultime *Carceri*.

Le *Invenzioni Capric di Carceri* sono testimoni di un 'cercare' in atto, rappresentano questa operazione di ricerca, ma in forma ancora, per così dire istintiva, non programmata; le *Carceri d'Invenzione* segnano invece una sorta di correttivo razionalizzante a quello 'sporco' delle *Carceri Capric* che non sembrava avesse 'trovato' gran che di preciso. Ed è questo, a mio parere, un motivo importante per cui le *Invenzioni Capric* verranno rivedute e nutrite, come vedremo, di contenuti narrativi aulici.

Quindi per Piranesi il consapevole valore della ricerca che ha come base di partenza la forma indistinta, punto reso chiaro dal motto sulla tavolozza del 1764, non data nè dal periodo della prima stesura delle *Carceri* e neppure chiaramente dal momento in cui riprende in mano il lavoro per dargli una più solida struttura sia dal punto di vista formale sia di contenuto; questa consapevolezza data invece ad un periodo seguente l'ultima edizione delle *Carceri*. E qui l'opera *Della Magnificenza ed Architettura de' Romani* contemporanea alle ultime *Carceri*, così piena di concessioni al gusto imperante, così pronta a condannare le invenzioni capricciose, non è da dimenticare. Questa consapevolezza,

[19] ' "Col sporcar si trova" è il motto che [Piranesi] incide in uno dei suoi frontespizi più brillanti dei primi anni sessanta e niente, meglio delle ultime Carceri, riflette tale posizione programmatica' (Bettagno, 1978, pp. 29-30).

Fig. 48 G. B. Piranesi, Disegno di carcere. Hamburg, Kunsthalle (1915 / 644)

raggiunta dopo una travagliata maturazione, segnerà per Piranesi il momento della riscossa, della ribellione contro il razionalismo timido dei suoi contemporanei. Il testo e le tavole incise del suo *Parere su l'Architettura* del 1765 ribadiscono questo punto. Qui Piranesi si sentirà pronto a difendere con tutta la sua forza polemica e inventiva il diritto ad una forma espressiva per quanto possibile svincolata da norme restrittive. Il 'capriccio' è qui rivalutato e insieme ad esso l'originalità e la novità.

Abbiamo visto come una delle scritte inserite nelle tavole che accompagnano il testo del *Parere* sia una citazione dal libro XV delle *Metamorfosi* di Ovidio in cui la natura stessa è presentata provocatoriamente come esempio da seguire: RERUMQUE NOVATRIX / EX ALIIS ALIAS REDDIT NATURA / FIGURAS: e la natura che tutto continuamente rinnova, da alcune forme ne produce altre. 'Nulla mantiene la propria apparenza per sempre' è la frase di Ovidio che appena precede quella citata da Piranesi e entrambe, questa e quella citata, colpiscono per la loro aderenza alla poetica piranesiana. Esse colgono bene il senso di fluidità e del mergere delle forme una nell'altra come appare nelle *Carceri* specie nella prima edizione. Chiaramente le seguenti rielaborazioni delle *Carceri* seguono criteri di ulteriore 'pulizia', malgrado lo 'sporcar' dei neri più profondi.

Piranesi aveva trovato nell'autorità di un autore latino come Ovidio il motto per giustificare il suo operato dalle critiche dei contemporanei. Direi che anche la scritta sulla tavolozza è sostenuta dall'autorità degli antichi, essa infatti richiama il topos già presente in Plinio ripreso poi da Leonardo quando parla delle immagini visibili nelle nuvole, nelle macchie, nelle forme indefinite. È di stimolo all'immaginazione partire da forme confuse, suggestive di molteplici interpretazioni, per poi arrivare, attraverso la macchia, lo 'sporcar', a 'trovare' a 'rinvenire' a operare le 'invenzioni'. Piranesi sembra così riallacciarsi ad un'antica tradizione artistica e nelle parole scritte sulla tavolozza, l'uomo maturo ha scoperto una verità che ben si adatta alla sua opera giovanile delle *Invenzioni Capric di Carceri.*

PARTE SECONDA

'Carceri d'Invenzione'

CAPITOLO V

Il nuovo aspetto delle *Carceri*: Le *Carceri d'Invenzione*

Quindici anni circa dalla data della loro prima composizione, Piranesi rielabora e ristampa la serie delle *Carceri*. L'edizione chiara, 'bionda', per usare l'espressione del Focillon, opera così originale sia nel contesto della produzione artistica del Settecento, sia in quello della stessa produzione di Piranesi, viene sostanzialmente modificata e assume l'aspetto dichiaratamente minaccioso e sinistro che in genere associamo alle sue *Carceri*. L'ultima edizione è infatti quella più nota, venuta a soppiantare la precedente più rara e più preziosa.

È interessante esaminare attentamente le varianti e le aggiunte apportate da Piranesi per vedere in che senso queste operino. Sarà quindi utile mettere a confronto le due edizioni con lo scopo di osservare quali elementi siano stati aggiunti, quali conservati e sottolineati, quali omessi ossia censurati.[1]

Si nota subito che le tavole, che nella prima edizione non erano state numerate, ora lo sono. Finora per comodità ho fatto riferimento alle tavole della prima edizione usando la numerazione introdotta soltanto nella edizione finale, ma è giusto e utile tener presente che la numerazione non esisteva all'origine e che la sua introduzione, fissando l'ordine di successione delle tavole, costituisce un fattore importante per il nuovo messaggio che quest'opera intende comunicare. Sono del parere infatti che nelle *Carceri d'Invenzione* sia introdotto un elemento narrativo che trova espressione, almeno in parte, appunto nell'ordine di successione delle tavole.

Altro fattore evidente e molto rilevante è che il numero delle stampe, da quattordici nella prima edizione, è salito a sedici nell'ultima. Direi che proprio le tavole aggiunte, cioè la II [fig. 5] e la V [fig. 10] insieme alla XVI [fig. 32], (talmente modificata dall'edizione precedente [fig. 31] da potersi quasi considerare come nuova), per il loro contenuto, per il loro stile e per la loro posizione di sequenza nell'opera, ci offrono la testimonianza più viva dell'introduzione di un nuovo gusto e di nuovi pensieri. Queste ultime tavole menzionate, per la loro singolare importanza, richiedono un'indagine a parte che intendo svolgere nei capitoli che seguono.

1 È opportuno ricordare che esistono molteplici stati delle *Carceri* che presentano soltanto lievi alterazioni relativamente alle due edizioni di cui parliamo e che non intendo qui analizzare.

Quello che da un'occhiata globale alle due edizioni subito colpisce è il tono scuro della seconda. Questo fenomeno si è verificato in seguito alla reincisione delle lastre di rame delle *Carceri*, operata da Piranesi sia attraverso l'uso della tecnica dell'acquaforte, sia attraverso l'intervento diretto con il bulino. In tutte le lastre, dove più dove meno, si nota così un segno più energico, un rafforzarsi dei contorni del disegno con l'effetto di rinvigorimento dello scheletro della composizione. I margini di questa sono ora molto più cupi, spesso gremiti di nuove aggiunte come oggetti acuminati, catene, travi di legno puntate in varie direzioni per più complessi giochi di prospettiva. Si crea così una cornice in forte contrasto drammatico con i toni più chiari del centro del foglio. Già nella prima edizione l'architettura interrotta ai margini, suggeriva spazi nei quali lo spettatore veniva coinvolto; ora in modo ancora più accentuato ci troviamo 'dentro' il carcere e lo sguardo, anche guidato dalle linee prospettiche, è più nettamente attirato nella direzione dei punti di maggiore luminosità concentrati prevalentemente verso il fondo della composizione.

Inoltre nella edizione più tarda si nota la tendenza ad una maggiore razionalizzazione delle forme. Anche se si tratta però, come vedremo, di una razionalizzazione dai caratteri spesso ambigui. Tuttavia non si può negare che le ultime *Carceri* riflettano un maggior impegno architettonico. A questo proposito è interessante notare che nel frontespizio Piranesi adesso si firma come architetto [fig. 4], come per ribadire la qualifica alla quale più teneva e che ora egli vuole sostenere anche riguardo a quest'opera. Già nel suo primo lavoro del 1743, contenente la *Carcere oscura* [fig. 35], opera così ambiziosa nella rappresentazione delle architetture 'inventate sulla maniera degli antichi Romani', Piranesi si era firmato come architetto. E in questo contesto mi sembra opportuno rilevare che nella edizione finale delle *Carceri* si riscontra un ritorno agli effetti di luce ed alla maggiore descrittività osservabili nella *Carcere oscura*.

Vediamo così, in quello che può apparire come un processo di razionalizzazione delle forme, che nelle ultime *Carceri* già il segno più energico ha l'effetto di determinare e quindi di chiarire con maggior forza sia l'insieme sia i dettagli del disegno che nella prima edizione erano rimasti indeterminati. Forme dai contorni vaghi che alludono a ciuffi d'erba o a fumo o a misteriosi vapori, che notiamo per esempio nella prima edizione della tavola III in alto sulla destra [fig. 6] e nelle tavole VII [fig. 13] e XI [fig. 21] sono generalmente eliminate, nascoste quasi completamente da nuove aggiunte; molto più raramente questi segni che suggeriscono forme indefinite vengono conservati e in questo caso per lo più marcati con accresciuta incisività, come vediamo da un confronto tra le due versioni della tavola VI [figg. 11 e 12].

All'apparente generale razionalizzazione contribuisce anche l'eliminazione di alcuni punti architettonici ambigui. Un esempio ci può essere offerto da un paragone tra le due edizioni del frontespizio [figg. 3 e 4]. Nel frontespizio più antico la costruzione in muratura che partendo dal basso sulla destra si dirige diagonalmente verso l'epigrafe, può essere letta sia come un muro parallelo al piano di superficie del foglio sia come gradini la cui funzione peraltro rimane incerta. Nella edizione più tarda l'introduzione della ruota del supplizio in primo piano viene a nascondere in gran parte questo ambiguo dettaglio architettonico. Possiamo cogliere un altro esempio di pentimento paragonando le stesse due tavole per quello che riguarda le modifiche apportate alla parete sulla destra. Infatti nella prima edizione la parete, aprendosi con una linea curva, ci immette alla vista delle scale dirette in alto e verso il fondo lasciando, all'interno del triangolo formato dalla ringhiera, una zona completamente indefinita. Nella versione finale la linea curva che formava un arco architettonicamente non ortodosso è modificata e coperta a tal punto da altre aggiunte da lasciare appena qualche traccia della sua precedente esistenza, così come si è meglio determinato anche lo spazio all'interno del triangolo delimitato dalla ringhiera.

Queste stesse due tavole ci offrono inoltre l'opportunità di osservare alcuni cambiamenti che sono intervenuti anche in molte delle altre incisioni della serie, come per esempio il moltiplicarsi di archi che si vedono spaziare nell'ultima versione del frontespizio dal basso fino a quasi la sommità del foglio. Già nella prima edizione delle *Carceri* il motivo architettonico dominante sono gli archi. Questi suggeriscono una impressione di enormi spazi del genere ispirato dalle terme romane. Il motivo degli archi è ribadito nell'ultima edizione dove spesso le parti che erano state lasciate appena abbozzate, prendendo forme più precise, si trasformano in archi e volte. In quegli stessi anni Piranesi nell'*Indice delle cose notabili* apposto al volume *Della Magnificenza ed Architettura de' Romani*, qualifica gli archi come *Invenzione [...] vantaggiosissima al pubblico*. Nella stessa opera, in polemica contro i fautori della preminenza dell'architettura greca, egli esalta l'uso degli archi fatto dai toscani, ovverosia gli etruschi. A suo parere essi avevano inventato l'arco prima dei greci, e i romani l'avevano appreso direttamente dagli etruschi.

Nelle ultime *Carceri* insieme con il moltiplicarsi di linee curve, più variate nei toni e nel modo di intersecarsi, vediamo però anche l'accresciuta utilizzazione di linee rette. Così rimanendo fedele alla linea curva, tipica del barocco, che Hogarth nel suo trattato chiama la linea della bellezza,[2] Piranesi fa uso di linee rette, care al gusto razionalista. Le linee rette sono così numerose e così fortemente incise da costituire forse l'introduzione più notevole di cambiamento stilistico. Già nella prima edizione erano presenti travi di legno, nell'ultima il loro uso si moltiplica ed al legno sono affidate anche le costruzioni di strutture lineari come ponti, passerelle, balaustre e scale a pioli.[3] Queste strutture contribuiscono a dare un'idea più precisa delle distanze e allo stesso tempo introducono variazioni di direzione nello spazio. L'enfasi data a queste costruzioni in legno nella seconda edizione delle *Carceri* fa pensare che Piranesi avesse considerato con interesse il saggio dell'Algarotti sull'architettura del 1756 in cui venivano divulgate, sia pure in modo impreciso, e in parte confutate, le teorie dell'abate Lodoli.[4]

A prima vista sembrerebbe che nelle ultime *Carceri* siano adottati criteri spaziali architettonici più appropriati e logici rispetto alla prima edizione. Ma questa impressione in molti casi è ingannevole, infatti sono presenti anche innovazioni che invece di chiarire portano a

2 W. Hogarth, *The Analysis of Beauty* (London, pubblicato dall'autore, 1753).

3 J. Rykwert in *The First Moderns. The Architects of the Eighteenth Century* (Cambridge, Mass., MIT Press, 1980), pag. 375, fa notare come già nelle prime *Carceri* il legno sia usato secondo le sue proprietà e così la pietra. Questo in armonia con le teorie del dotto frate Carlo Lodoli il quale sosteneva la necessità che nelle architetture il materiale delle costruzioni fosse usato secondo la sua proprietà naturale e che la pietra non dovesse imitare il legno e il legno la pietra e una materia un'altra.

4 Si veda 'Saggio sopra l'Architettura' (1756), in *Francesco Algarotti: Saggi*, a cura di G. Da Pozzo (Bari, Laterza, 1963), pp. 29-52.

più inquietanti ambiguità spaziali.[5] Un esempio evidente e spesso notato può essere osservato nella tavola VII [fig. 14]. Qui l'introduzione del ponte di legno che si trova sotto il ponte levatoio, ha tra le sue funzioni anche quella di dare un significato preciso allo spazio lasciato vago e indeterminato nella precedente stesura della tavola [fig. 13]. Se però prendiamo in esame il modo in cui questo ponte si mette in rapporto con gli elementi già esistenti, vediamo incongruenze sostanziali. Infatti, sulla sinistra di chi guarda, il nuovo ponte si scontra con la torre e la scala a spirale e le attraversa entrambe, creando assurdi rapporti architettonici. Guardando questa tavola VII, che è forse tra quelle della serie la tavola che ha maggiormente ispirato con le sue torri, scale a spirale e ponti, tanti illustri scrittori aperti alle suggestioni dei sogni e del mistero, possiamo concludere che Piranesi, pur rendendo formalmente omaggio ad una certa logica della costruzione, in realtà spesso se ne discosta in modo radicale.

Paragonando le due edizioni delle *Carceri* notiamo inoltre che alcune di queste stampe nella versione finale, pur presentando un aspetto più scuro, come tutte le altre, hanno subito però soltanto dei lievi cambiamenti dalla prima edizione. Questo è particolarmente vero per la tavola IX [fig. 17] che mostra una sola aggiunta di qualche rilievo sul lato sinistro: una piccola forca [fig. 18]. Anche i rifacimenti visibili nelle tavole X [fig. 20] e XII [fig. 24] non sono di tale entità da modificare sostanzialmente il loro aspetto originario [figg. 19 e 23]. Le tre ultime tavole menzionate, considerate nell'opera complessiva, sono quelle che hanno subito il minor numero di mutamenti. Queste stampe, alle quali bisogna aggiungere anche la XIII [fig. 25], quest'ultima però più modificata delle altre [fig. 26], sono raggruppate insieme nell'edizione finale e sono quelle firmate con un *Piranesi f.* già dalla loro prima edizione. Un'altra sola tavola era stata firmata oltre queste, la VII [fig. 13] che, secondo la mia interpretazione, di cui già ho parlato, aveva ricevuto una particolare importanza per essere stata presa in considerazione dall'incisore come possibile frontespizio per tutta l'opera e che conteneva accennata la parola *carcere.* Ci si può chiedere come mai Piranesi avesse firmato all'inizio soltanto alcuni determinati rami, cinque sui quattordici della serie. Nell'ultima edizione saranno invece tutti firmati. È possibile scorgere in queste cinque tavole delle caratteristiche simili che spieghino la singolare importanza a loro conferita dall'aggiunta della firma dell'autore?

Abbiamo già notato la loro posizione ravvicinata nella sequenza delle stampe ed anche il fatto che le modifiche apportate, fatta eccezione per la tavola XIII [fig. 26] sono di lieve entità. Se guardiamo le altre tavole della versione finale dove le varianti sono più accentuate, vediamo che queste tendono a enfatizzare la visione di veri e propri luoghi di pena con l'introduzione di un notevole numero di catene e di strumenti di tortura. È probabile che nel contesto delle *Carceri Capricciose,* in cui così tenuamente erano evocate immagini di prigionieri o di tormenti, queste tavole firmate potessero, dal punto di vista del contenuto, soddisfare più delle altre all'idea della prigione. E questo o perchè già rappresentavano strumenti di tortura o carcerati o perchè gli edifici stessi evocavano più direttamente prigioni realmente esistenti o anche perchè al carcere si faceva una allusione verbale come nella tavola VII [fig. 13].

5 Sul trattamento dello spazio nelle *Carceri* si veda. U. Vogt-Göknil, *Giovanni Battista Piranesi, Carceri* (Zürich, Origo Verlag, 1958).

Così la tavola X [fig. 19] per esempio è l'unica della serie nella prima stesura a mostrare dei prigionieri, eccezion fatta per quella figura emaciata del frontespizio stranamente appollaiata su grandi blocchi di pietra [fig. 3]. Inoltre la tavola IX [fig. 17], con quel suo straordinario portale, se è giusto il mio suggerimento, può aver preso lo spunto dall'ingresso delle Carceri di Via Giulia [fig. 41], mentre la XII [fig. 23], secondo la proposta di Calvesi si ispirerebbe ancora più da vicino delle altre tavole al Carcere Mamertino così come appare ancora oggi.[6]

Insomma non è da escludere che in esse, già dalla loro prima incisione, fosse presente un'associazione più esplicita con delle prigioni e che pertanto non avessero bisogno di essere molto modificate. Infatti, come abbiamo già notato, le aggiunte che compaiono nella rielaborazione dei rami, come catene e strumenti di tortura insieme all'effetto più tetro, mirano a rinforzare l'idea del carcere. Anche nel titolo del frontespizio, dove prima si leggeva: 'Invenzioni' ora è stato sostituito il vocabolo 'Carceri' isolato e ingrandito rispetto al resto della scritta.

In sintonia con un accresciuto senso della prigione è introdotto un nuovo impegno, una nuova serietà visibile già nella scrittura stessa del titolo [fig. 4]. Non vediamo più quella gracilità, quella incertezza e mancanza di uniformità nelle lettere e neanche gli errori di ortografia; ora appaiono invece forme tipografiche più classicheggianti disposte in maniera più ordinata. Già dal modo in cui si presenta il titolo si coglie un senso storico più accentuato, un'evocazione più precisa, di quanto non fosse nella prima stesura, di un'epoca romana antica. Insomma non solo è rinforzata l'idea del carcere, ma anche quella della romanità. Questo però non significa che vengano completamente eliminate allusioni ad epoche diverse, di cui abbiamo già constatato la presenza, o addirittura che non ne siano aggiunte, come vedremo, di nuove.

Se nel titolo dell'ultima edizione l'evocazione della Roma antica è sottolineata nei caratteri tipografici, a questi è aggiunta un'atmosfera remota attraverso una loro copertura parziale. Alcune delle parole non sono soltanto troncate, come il termine capric del primo titolo, ma più naturalisticamente in parte nascoste da grandi pietre. L'eliminazione della cornice che racchiudeva il titolo delle *Invenzioni Capric* rende possibile questa integrazione più naturalistica tra le parole e la costruzione in rovina. Le grandi pietre che coprono in parte le parole suggeriscono che l'iscrizione è più antica della costruzione stessa. Il nome di Piranesi architetto veneto è ancora più antico dell'antico carcere. Anche l'aspetto commerciale presente nel titolo delle *Invenzioni Capric* viene eliminato con la soppressione del nome del mercante al Corso *Giovani Bouchard* che si era occupato della vendita delle stampe. Ora è il nome dell'autore, l'architetto veneto idealmente presente nel mondo antico, che domina nell'epigrafe.

Stiamo così guardando dei reperti del passato, ma non nella fase della ricostruzione, esemplificata dagli edifici della *Prima Parte*, ma in una fase in cui il tempo ha lasciato il suo segno: stiamo di fronte ad una sorta di rovine di carceri e qui in modo ancora più accentuato che non nella prima stesura.

Che queste rovine siano da situarsi in epoca romana antica ci è anche comunicato attra-

[6] Si veda la nota 15 del capitolo IV.

verso le aggiunte architettoniche apportate a quasi tutti i rami, soprattutto, come abbiamo visto, il moltiplicarsi di archi. Questa volta, a differenza della prima edizione essi sono descritti nei particolari dei singoli mattoni o degli altri materiali che li costituiscono. Inoltre un forte riferimento a questa specifica epoca ci è anche comunicato, come è ormai noto, attraverso le citazioni di sculture, di frasi e di nomi appartenenti al mondo latino che si rinvengono in particolar modo e significativamente nelle due tavole aggiunte, la II [fig. 5] e la V [fig. 10], come pure nella XVI [fig. 32].

Tornando a guardare la tavola del frontespizio [fig. 4], nella rielaborazione del titolo, la soppressione del termine tronco *capric* sembra ben accordarsi con il tono di maggior impegno visibile nella grafia stessa; l'elemento capriccioso sembra svanire insieme con la parola. È introdotta però la locuzione *d'invenzione* venuta a sostituire il precedente vocabolo *Invenzioni.* Non c'è dubbio che malgrado il maggiore senso storico qui adottato, permanga in quest'opera ed abbia ancora il sopravvento, quella origine non mimetica che abbiamo visto identificata dagli artisti grafici con la dicitura *invenit* apposta alle loro stampe oppure con titoli del tipo *Invenzioni* o *D'Invenzione* o *Ideate.*

Per quanto riguarda l'elemento rovinistico delle *Carceri,* questo era già presente, come abbiamo notato, nelle *Invenzioni Capric.* E in questo senso le *Carceri* si pongono in posizione antitetica alla *Prima Parte*: la demolizione dopo la ricostruzione. La *Prima Parte* infatti era ispirata alla volontà di ricostruzione, in essa gli edifici appaiono integri e costruiti secondo regole prospettiche ben precise, mentre le *Carceri,* più tarde di soli pochi anni, mostrano un carattere di rovine antiche, di frammenti messi insieme spesso secondo impossibili giustapposizioni prospettiche.

All'effetto rovinistico contribuiscono le grandi pietre sconnesse, usate quasi sempre anche ai margini delle tavole, a mo' di incorniciatura. Le strutture murarie, che condividono con le antiche terme le enormi proporzioni, sembrano aver perso la loro funzionalità architettonica e suggeriscono avvenuti crolli a cui, qua e là, hanno posto temporaneo rimedio grosse travi di legno presenti, come abbiamo visto, particolarmente nella versione finale. Anche le occasionali escrescenze erbose, come si vedono per esempio nella tavola del frontespizio, richiamano alla memoria la lussureggiante vegetazione emergente dagli edifici in rovina che lo stesso Piranesi era solito raffigurare nelle sue stampe.

Sappiamo quale grande importanza egli abbia come interprete delle rovine romane e ricordiamo come il Piranesi ventenne aveva reagito al primo contatto con la Roma antica, quando nella dedica della *Prima Parte* aveva menzionato le 'parlanti ruine'. Le 'auguste reliquie, che restano ancora dell'antica maestà, e magnificenza Romana' come egli dice nella stessa dedica, gli hanno ispirato soprattutto un senso di 'meraviglia'. Le rovine già da allora erano associate dall'artista a segni tangibili della grandezza dei romani da cui apprendere l'arte della costruzione con riverenza quasi sacra.

Si può dire che da quando le rovine sono esistite esse hanno suscitato negli animi soprattutto riflessioni dolenti sulla caducità delle vicende umane. Ma è anche vero, e penso ora particolarmente alle rovine romane, che esse in alcuni periodi sono state occasione di emulazione e sono state amate per la forma integra che suggerivano. Questo è particolarmente evidente nell'impeto di ricostruzione classicheggiante del rinascimento; così a quel tempo, anche nell'opera figurativa si preferiva la ricostruzione dei ruderi alla loro rappresentazione.

Fig. 49 G. B. Piranesi, Antica cisterna, da: *Antichità d' Albano e di Castel Gandolfo*, 1764

Ma c'erano anche stati alcuni, soprattutto artisti stranieri venuti in Italia dal nord, che, desiderosi di riferire con vivacità aneddotica quello che vedevano, avevano introdotto nelle loro opere il genere rovinistico. Quando Piranesi arrivò a Roma era ancora viva la tradizione della scuola fiamminga e le rovine erano di gran moda nell'ambiente dell'Accademia di Francia, ambiente molto familiare al nostro artista. Ma Piranesi va molto al di là della ossequiosa e piuttosto timida riproduzione delle antichità dei suoi colleghi; egli le tratta con uno spirito nuovo, tanto che perfino il suo ostile biografo Bianconi dovette riconoscervi 'una specie di magia, che prima non si era mai conosciuta' (p. 273). Il calcolato angolo visivo, l'uso suggestivo del bianco e nero, l'elemento pittoresco, acquisito particolarmente alla scuola di Marco Ricci, fanno apparire queste rovine tragiche visioni di un mondo in decadenza. Ma per Piranesi, più che simbolo della fragilità di ogni prodotto umano, queste rovine sono la fiera testimonianza di una grandezza che non è ancora morta e che è destinata a sopravvivere in ogni modo nelle sue stampe. Pietro Biagi ci dà notizia di una lettera scritta da Piranesi, poco prima della sua morte, ad una sorella che viveva a Venezia. In questa lettera, secondo il resoconto che ne fa Biagi, Piranesi 'Si vanta che il genio di Roma lo aveva inspirato di dare alla luce le superstiti grandi opere, che minacciavano un giorno o l'altro di finir diroccate, onde ne restassero dei degni esemplari da lui bellamente scolpiti'.[7] E lo stesso concetto era stato già espresso dall'artista nella prefazione alla sua opera delle *Antichità Romane* del 1756.

[7] P. Biagi, *Sull'incisione e sul Piranesi* (Venezia, Picotti, 1820), p. 91, nota 11.

Se in epoche precedenti, come quella rinascimentale, la tendenza degli artisti era stata di partire dai frammenti delle antichità con l'intento di completarli, nel Settecento si amano le rovine in quanto tali. Vere o false esse arrivano ad adornare perfino i giardini dei ricchi personaggi dell'epoca. Il loro potere evocativo è più forte di qualsiasi monumento finito. Le cose frammentarie diventano più attraenti di quelle complete. Il loro aspetto, che sotto le ingiurie del tempo, ha perso la logica funzionale con cui in origine gli edifici erano stati costruiti, ha acquistato tra l'altro una certa bizzarria, una stranezza di forme, una vaghezza, una labilità non lontana da quella che già secoli addietro gli artisti avevano ammirato nelle nuvole vedendo in esse ogni sorta di immagini.

Nel carattere frammentario delle *Carceri* cogliamo un effetto evocativo simile a quello suscitato dalla vista delle rovine. Inoltre alcuni degli elementi aggiunti nelle ultime *Carceri* come le scale a pioli addossate ai muri, particolarmente evidenti nelle tavole VI [fig. 12], XI [fig. 22] e XIII [fig. 26], fanno venire in mente esplorazioni di rovine sotterranee e ritroviamo queste scale in stampe di Piranesi di soggetto archeologico come quella della cisterna romana a Castel Gandolfo [fig. 49] che così spesso per affinità stilistiche è stata associata alle *Carceri*.[8]

Gli anni che separano le due edizioni principali avevano visto Piranesi impegnarsi con tutta la forza della sua passione nella ricerca archeologica. Si potrebbe dire che nelle prime *Carceri* esisteva un esplicito intento di suscitare 'meraviglia'; a questa, nella versione finale, si aggiungono elementi che indicano un desiderio di analizzare le cause di tale meraviglia. Il nuovo interesse archeologico ed una nuova dimensione storica sono così introdotti ed in modo particolarmente palese, come vedremo nei seguenti capitoli, nella tavola XVI [fig. 32] nella II [fig. 5] e nella V [fig. 10].

[8] Questa incisione è contenuta nelle *Antichità d' Albano e di Castel Gandolfo*, opera pubblicata nel 1764.

CAPITOLO VI

Le iscrizioni latine: La tavola XVI delle *Carceri*

Le tavole XVI [fig. 32], II [fig. 5] e V [fig. 10] dell'edizione finale delle *Carceri*, meritano una analisi particolare, le prime due soprattutto perchè contengono quelle nuove aggiunte all'opera che sono le iscrizioni latine, l'ultima perchè pur non presentando alcuna scritta è stata nondimeno eseguita da Piranesi come parte integrante dell'ultima versione delle *Carceri*. Qui intendo prendere in esame la tavola XVI in relazione soprattutto ad un'opera di Piranesi intitolata *Lettere di Giustificazione*.

Le nuove iscrizioni introdotte nell'ultima edizione delle *Carceri* sono interessanti per vari motivi. Scritte in latino, esse sono in armonia con l'accentuato carattere romanizzante dell'opera e nello stesso tempo, l'erudizione che queste sottintendono rivela le crescenti aspirazioni dotte e antiquarie dell'autore. L'artista che nelle sue prime opere mostrava una grafia incerta anche in italiano, ora si presenta con l'autorità di un serio ricercatore che basa sì la sua conoscenza del mondo antico sulla pratica, ma anche sui testi classici. Infatti le scritte latine sono quasi tutte frammenti di citazioni da storici romani, colmi di significati di valore morale. A prima vista però, nella congerie dei vari elementi, queste scritte appaiono pervase da un'aura di mistero e sembra che vengano ad aumentare il numero delle cose incomprensibili presente nelle stampe. Ne consegue un'accentuazione, nell'ultima edizione delle *Carceri*, di una forma allusiva e misteriosa. Sono del parere che questa sia intenzionalmente voluta dall'artista che, per suoi motivi personali e polemici di cui parlerò, è nella necessità di esprimere i suoi pensieri in modo, almeno in parte, nascosto.

L'urgenza polemica trova un suo sbocco nell'uso delle scritte, come se le immagini da sole non fossero più sufficienti a manifestare la foga dei pensieri. Pensieri simili intanto Piranesi sentiva il bisogno di esprimere verbalmente in altre opere vicine cronologicamente al rifacimento delle *Carceri*, come appunto le *Lettere di Giustificazione* del 1757 ed in modo molto più dettagliato e complesso, nella sua prima opera teorica fortemente polemica: *Della Magnificenza ed Architettura de' Romani* del 1761, scritta come risposta a tesi che egli sentiva personalmente offensive e provocatorie. Si tratta della reazione di Piranesi al nuovo clima culturale che aveva iniziato a fermentare a Roma verso la metà del Settecento.

A parte la dicitura del nuovo titolo delle *Carceri* [fig. 4], di cui ho già parlato, le scritte introdotte nella tavola II [fig. 5] e nella XVI [fig. 32] sono importanti soprattutto perchè offrono degli appoggi fondamentali nell'indagine dei nuovi significati che l'opera contiene nella sua seconda edizione. Infatti anche se questi si presentano in forma allusiva e in parte segreta, è possibile chiarirne diversi aspetti sia risalendo al significato delle citazioni nel loro contesto originario, sia valendosi del supporto di opinioni apertamente dichiarate da Piranesi nelle altre sue opere scritte allo stesso tempo della revisione delle *Carceri*.

Nel tentativo di ripercorrere la strada seguita da Piranesi, inizierò analizzando la tavola XVI [fig. 32]. Mi sembra infatti molto probabile che questa preceda cronologicamente la V e la II entrambe incise *ex novo*, e che costituisca un saldo punto di riferimento per le altre due. La tavola XVI rielaborata intorno al 1760, presenta delle drastiche modifiche rispetto alla sua prima edizione anteriore di più di un decennio [fig. 31]. Delle quattordici stampe originarie che costituivano le *Invenzioni Capric di Carceri*, la tavola XVI è quella che in effetti mostra il maggior numero di alterazioni. L'architettura ha subito quello iscurimento caratteristico del processo a cui anche le altre tavole erano state sottoposte insieme all'aggiunta di archi, di scale, di ballatoi, di legni incrociati, di strumenti acuminati, di catene, anch'essi fattori comuni nel rifacimento dell'opera. Qui però la dovizia degli elementi aggiunti è tale da dare l'impressione che Piranesi non sembri badare troppo al risultato estetico. Egli introduce colonne, lapidi e altorilievi come anche le scritte latine, sacrificando perfino l'effetto prospettico, come se l'intento principale fosse non tanto di comunicare messaggi di tipo visivo quanto soprattutto di tipo narrativo.

Questo fatto sembra evidenziato proprio dalle tre iscrizioni contenute nella tavola XVI, due delle quali sono poste su due tipi diversi di colonne (probabilmente esiste un legame tra gli episodi a cui si riferiscono le iscrizioni e il genere di architettura a cui sono associate). Di queste due scritte latine la fonte è stata individuata da tempo. Quella sulla colonna centrale dice: AD / TERROREM / INCRESCEN [TIS] / AUDACIAE, una citazione dalla vita di Anco Marzio dello storico Tito Livio (I, 33, 8). L'altra più sulla destra che dice INFAME SCELUSS / [ARBO] RI INFELICI SUSPE [NDE], deriva anch'essa, almeno per la seconda parte, da Livio (I, 26, 11) e si riferisce all'episodio dell'ultimo superstite degli Orazi che uccide la sorella perchè oltraggiato dal pianto di lei per la morte di uno dei Curiazi a cui era stata promessa sposa. Episodio citato, come vedremo, dallo stesso Piranesi nel *Della Magnificenza ed Architettura de' Romani* come esempio di avvedutezza degli antichi romani nell'applicazione delle leggi.

H. Bauer ha notato la prima citazione liviana.[1] L'intera frase è: *Ingenti incremento rebus auctis, cum in tanta multitudine hominum, discrimine recte an perperam facti confuso, facinora clandestina fierent, carcer ad terrorem increscentis audaciae media urbe, imminens foro, aedificatur.*

Quindi, a causa del grande aumento della popolazione e della confusione nel discriminare tra il bene ed il male con i conseguenti crimini commessi di nascosto, deriva la necessità di costruire un carcere nel centro della città, attiguo al foro, come deterrente della crescente audacia.

H. Bauer aveva pensato ad una semplice citazione erudita, senza ulteriori significati, mentre M. Calvesi ha visto un nesso tra l'istituzione del carcere, poi detto Mamertino, a cui la scritta liviana si riferisce, la giustizia romana e le *Carceri* di Piranesi, che di questa giustizia dovrebbero essere l'esaltazione. Abbiamo visto come secondo lo studioso le *Carceri* di

[1] H. Bauer, 'G. B. Piranesi's "Carceri" ', *Kunstchronik*, 12 (1959), 190-98 (p. 197).

Piranesi trarrebbero diretta ispirazione architettonicamente dalle più antiche carceri di Roma. Che questa citazione da Tito Livio non derivasse soltanto da interessi letterari veniva ribadito dal fatto che, come lo stesso Calvesi ha individuato, anche la seconda scritta, pure se in parte modificata rispetto al testo originario, è citata da Livio e fa riferimento alla clemenza del re Tullo Ostilio nel trattare le leggi: (Calvesi, *Saggio introduttivo*, p. XII).

Lo stesso Piranesi, come già accennato, cita nel *Della Magnificenza ed Architettura de' Romani* l'episodio narrato da Livio del processo dell'Orazio. Quello che Piranesi apprezza in modo particolare in questo processo è l'applicazione della *provocatio*, il diritto cioè di un cittadino romano condannato da un magistrato in un processo criminale di appellarsi al popolo.[2] Contro la sentenza del re non sarebbe stato possibile appellarsi ed il re Tullo Ostilio, come spiega Piranesi nel *Della Magnificenza*, in questo caso non voleva prendere la decisione di condannare un eroe e d'altra parte non voleva mutare la legge contro i rei di alto tradimento. Qui infatti la persona sotto giudizio era l'Orazio: egli, arrogandosi un potere che non gli competeva, aveva ucciso la sorella e commesso così un crimine contro lo stato e per questo era stato accusato di alto tradimento. Era un eroe, ma il suo delitto, come dice Livio, era apparso orrendo sia ai senatori sia alla plebe: *Atrox visum id facinus patribus plebique* (I, 26, 5). Livio cita il testo della legge concernente i rei di alto tradimento: *Duumviri perduellionem iudicent; si a duumviris provocarit, provocatione certato: si vincent, caput obnubito, infelici arbori reste suspendito; verberato vel intra pomerium vel extra pomerium* (I, 26, 6).

Ai duumviri è quindi affidato il compito di giudicare il delitto di alto tradimento, se però è ritenuto colpevole, l'accusato può appellarsi al popolo contro la loro sentenza, può avvalersi cioè della *provocatio.* Ma in caso prevalga il giudizio dei duumviri, il reo con il capo velato, deve essere appeso con una fune ad un albero sterile, cioè alla forca (*infelici arbori reste suspendito*), e flagellato sia dentro sia fuori del pomerio, ossia la zona sacra al di qua ed al di là delle mura cittadine. I duumviri avevano ritenuto colpevole l'Orazio e già uno di loro aveva comandato al littore di legargli le mani, *I, lictor colliga manus*, quando il reo, dietro consiglio del re, chiede il diritto di appellarsi al popolo. Anche il padre dell'Orazio intercede per lui e ripete parafrasando con tono di sfida le parole della legge contro i rei di alto tradimento: 'Va', littore, lega le mani che poco fa armate hanno dato la supremazia al popolo romano. Va', vela il capo al liberatore di questa città; appendilo all'albero sterile' *arbore infelici suspende* (I, 26, 11). E qui il padre dell'Orazio omette la parola *reste* (con la corda), inclusa nella formula della legge.

La versione adottata da Piranesi è: [...] RI INFELICI SUSPE [...]. Le parole che Piranesi riporta in modo frammentario sono allora quelle della legge, ma più vicine alla forma enunciata dal padre dell'Orazio. Questo ha una certa rilevanza perchè il tono di sfida con cui sono pronunciate dal padre dell'Orazio viene conservato ed adattato nella tavola XVI, come vedremo, a nuovi scopi.[3]

2 Per uno studio moderno sulla *provocatio* si veda B. Santalucia, 'Dalla vendetta alla pena', in *Storia di Roma* (Torino, Einaudi, 1988), I, 427-49.

3 Si può notare che anche Cicerone, precedentemente a Livio, nella sua orazione in difesa di Gaio Rabirio alla fine del paragrafo 4, aveva ripetuto alcune delle parole della formula di condanna per alto tradimento: 'Va' littore legagli le mani' ed anche 'Velagli il capo, appendilo all'albero sterile', '*Arbori infelici suspendito*'. Piranesi non poteva però conoscere quest'orazione che fu pubblicata soltanto nel 1820. Si veda B. G. Niebuhr, *M. T. Ciceronis orationum pro M. Fonteio et pro C. Rabirio fragmenta.* (Roma, de Romanis, 1820).

È stato osservato come le altre parole dell'iscrizione: INFAME SCELUSS, che si potrebbero tradurre con 'la infame malvagità' o 'la disonorevole scelleratezza' non si trovino in Livio e che però lo storico, nello stesso capitolo, parla di *atrox facinus* e si è asserito che le due espressioni sono equivalenti. Più precisamente Livio, come abbiamo visto, scrive: *Atrox visum id facinus patribus plebique* (I, 26, 5) e cioè che il delitto era apparso orrendo sia ai senatori sia alla plebe. Ritengo però che l'uso di *infame scelus*, piuttosto che dell'espressione più forte e di significato alquanto diverso *atrox [...] facinus*, cioè l'orrendo delitto, rappresenti una scelta intenzionale e riveli una diversità non casuale dal testo liviano. Questo discostarsi dal testo liviano è un punto importante sul quale ritornerò. È mio parere infatti, come cercherò di dimostrare, che in questo contesto non ci sia un riferimento esclusivamente al caso dell'Orazio, ma una sovrapposizione di questioni personali ad episodi storici e che da questo fatto derivi il motivo della differenza dal testo di Livio. Intanto per inserire questo discorso nel contesto generale della tavola XVI sarà necessario affrontare l'analisi dell'ultima epigrafe.

Nella tavola XVI esiste infatti una terza scritta latina: IMPIE/TATI/ET/MALIS/ARTIBUS. Questa si trova su una lapide funeraria di foggia antica su cui appaiono in due nicchie, come sculture a tutto tondo, i volti dei pretesi defunti, i volti di due giovani, si potrebbe dire prematuramente scomparsi. Non si può fare a meno di essere colpiti dalla stranezza della presenza in questo luogo di un cippo funerario posto inoltre quasi al centro della prigione e corredato da tale sinistro epitaffio. Perchè viene conferita visualmente tanta importanza a questo monumento dedicato all' 'empietà ed alle male arti'? E quale connessione può esserci tra i volti raffigurati sulla lapide e l'iscrizione? Di questa, malgrado sia stata notata da vari studiosi, non è stata rintracciata la fonte. Molto probabilmente perchè, a differenza delle altre, non è una citazione. Malgrado le difficoltà di una sua interpretazione ritengo che il significato dell'epigrafe abbia un'importanza centrale per la comprensione di tutta la tavola, come centrale è la posizione del monumento su cui si trova iscritta. Per questo farò qui delle considerazioni che mirano ad una nuova proposta di lettura dell'epigrafe e ad una sua interpretazione.[4]

Se per il momento ci soffermiamo soltanto sull'aspetto negativo della scritta tombale, evidentemente infamante, possiamo osservare che questo è un uso piuttosto raro in un epitaffio. Più comunemente su una lapide funeraria si trovano parole d'encomio, parole di significato opposto a quelle usate da Piranesi. Invece di *Impietati et malis artibus* ci si aspetterebbe piuttosto *Pietati et bonis artibus.* Ritengo che proprio da qui, da questo significato positivo abbia origine l'espressione infamante adoperata da Piranesi, come se egli avesse invertito il senso di una dedica elogiativa.[5] Se infatti pensiamo al senso contrario di quello

[4] Spesso si interpreta *Impietati et malis artibus* come una scritta riferentesi a pratiche magiche. Della stessa opinione è anche A. Kupfer nel suo recente *Piranesis Carceri. Enge und Unendlichkeit in den Gefängnissen der Phantasie* (Stuttgart, Belser Verlag, 1992), p. 57. Inoltre J. Rykwert in *The First Moderns. The Architects of the Eighteenth Century* (Cambridge, Mass., MIT Press, 1980), p. 377 e p. 409, nota 160, dopo aver giustamente messo in luce che non si tratta di una citazione classica, propone di interpretarla come riferentesi alla massoneria.

[5] Nel frontespizio delle *Antichità d'Albano e di Castel Gandolfo* del 1764 possiamo trovare un esempio di come Piranesi usi questi termini in senso elogiativo anche se qui, pur se inclusi nella stessa incisione, appaiono in due scritte separate; la più importante è quella rivolta a Clemente XIII, qualificato come: *Munificentissimo Principi Promotori Bonarum Artium.* Più in basso, su un frammento di colonna giacente a terra, frammista ad altri ornamenti con dediche 'all'antica', si legge un'iscrizione che inizia proprio con la parola *pietati* : *Pietati et Providentiae Titi Caesaris.*

contenuto nell'epitaffio, cioè, appunto ad un'espressione come *Pietati et bonis artibus*, ci troviamo di fronte a quella che suona come una formula dedicatoria riferita a chi doverosamente protegge le arti. *Impietati et malis artibus* si adatta bene invece a chi non solo non favorisce le arti, ma usando intrighi e sotterfugi, le opprime. Il campo di indagine che qui si sta profilando è quello del mecenatismo. In particolare il suo aspetto problematico, già avvertito dal ventitreennne artista nella prefazione alla *Prima Parte*, ed esploso poi intorno alla metà degli anni cinquanta in forma apertamente violenta nelle *Lettere di Giustificazione*. Ritengo che seguendo questa strada si possa anche dare una risposta al perchè tale iscrizione si trovi su una lapide funeraria e perchè questa lapide si trovi in una prigione.

Mentre le prime due citazioni latine, connesse, come è stato osservato, nel loro significato più evidente, ai meriti delle leggi romane, hanno prevalentemente un carattere generale di interesse comune su argomenti dibattuti in quel tempo, come vedremo meglio in seguito, sono del parere che le parole latine sulla lapide e in posizione così prominente, siano da collegarsi a vicende strettamente private della vita di Piranesi. Queste, pur avendo origine da interessi più limitati, anche se importanti all'epoca, riguardanti il mecenatismo e l'autonomia e dignità dell'artista, assurgono ad importanza fondamentale. Non mi sembra infatti che ci siano dubbi sull'intenzione dell'autore di dare a tutto ciò una vasta risonanza e una rilevanza cruciale e che l'interpretazione di questa scritta getti una nuova luce anche sul significato delle altre: grado di civiltà raggiunto dalle nazioni, protezione delle arti, architettura e leggi, tutto questo è indissolubilmente connesso nella tavola XVI, anche se espresso in modo criptico per il carattere provocatorio e compromettente contenuto nel messaggio.

I motivi di questa segreta polemica vanno secondo me ricercati in quel volumetto già nominato, intitolato *Lettere di Giustificazione*, tutto incentrato sulle vicende amare di un fallito mecenatismo. Anche se finora non è stato messo in relazione con le *Carceri*, pure, a mio parere, quest'opera presenta una tematica simile riscontrabile sia nel testo scritto, sia nelle incisioni che lo accompagnano. È qui che troviamo dichiarata, sia esplicitamente sia in modo velato, la storia del mutamento dall'encomio all'infamia di cui è vittima l'aspirante protettore delle arti. È in questo libretto che Piranesi difende il suo onore e la sua libertà d'artista. Egli orgoglioso erede della romanità si sente difeso da antiche leggi di cui ancora si avvale, è sempre in questo libretto che egli opera una vendetta, o se si vuole una giustizia, manifestata oltre che nel testo scritto anche nelle vignette allegoriche in esso inserite.

Cercherò di non entrare troppo nei dettagli piuttosto intricati contenuti nel volumetto; sarà tuttavia necessario, per chiarire il motivo della segretezza usata nella tavola XVI, analizzarlo con una certa cura ed anche rintracciarvi alcune vicende della vita privata di Piranesi. Vicende private che però egli rese pubbliche per la loro portata esemplare, testimonianza di una coraggiosa ribellione ad un tipo di mecenatismo umiliante.

Il carattere narrativo della tavola XVI delle *Carceri* richiama quello delle vignette allegoriche delle *Lettere di Giustificazione* [figg. 50, 51, 52, 53]. Queste, a mio parere, sono motivate dalle stesse cause che avevano ispirato a Piranesi il sinistro epitaffio nella tavola XVI e sono particolarmente utili per gettare luce sul significato della presenza del cippo funerario e del tono della sua epigrafe in questa incisione delle *Carceri* [fig. 54]. In origine le lettere erano state scritte da Piranesi in forma privata per chiarire l'incresciosa situazione in cui egli si era venuto a trovare per il mancato patronato ai quattro volumi delle *Antichità Romane* da

Fig. 50 G. B. Piranesi, Il tempo che scopre la Verità, da: *Lettere di Giustificazione*

parte del giovane e ricco anglo-irlandese il Visconte James Caulfield di Charlemont e per il modo umiliante con cui era stato trattato non solo dal Visconte ma anche dagli agenti di lui. In realtà troviamo che le lettere sono state stampate originariamente nei primi esemplari delle *Antichità Romane* e soltanto in seguito queste furono ristampate, con aggiunte e varianti, come opera a sè stante nel libretto menzionato. Il lungo titolo del libretto ne riassume i punti salienti: *Lettere di Giustificazione scritte a Milord Charlemont e ai di lui Agenti di Roma dal Signor Piranesi Socio della Real Società degli Antiquari di Londra intorno la Dedica della sua Opera delle Antichità Rom [...] fatta allo stesso Signore ed ultimamente soppressa. In Roma MDCCLVII* [figg. 55 e 56].

La pubblicazione delle lettere mirava e ancora mira, perchè Piranesi aveva in mente anche i posteri, a giustificare al pubblico la rimozione delle quattro dediche dei frontespizi in origine rivolte a Lord Charlemont in ciascuno dei quattro volumi delle *Antichità Romane*. Queste dediche, ristampate in formato ridotto con alcune varianti [figg. 57, 58, 59, 60], sono incluse nel volumetto delle *Lettere di Giustificazione* insieme alle nuove dediche raggruppate tutte in una sola tavola [fig. 61] ed alle vignette allegoriche che abbiamo già menzionato.

Gran parte del testo delle lettere è costituito da un attacco vetriolico agli agenti di Lord Charlemont contro i quali Piranesi chiede giustizia. Non avendola ottenuta dal suo protettore che con il suo silenzio sembrava avallare l'operato dei suoi agenti, egli allora, con un atto di rivendicazione della sua libertà e della sua autonomia d'artista, la chiede al pubblico, sia contemporaneo sia futuro, vero protettore delle arti e 'giustissimo estimatore delle cose',[6] al quale dedica il primo frontespizio dopo aver raschiato via il nome del mancato mecenate [fig. 62]. In questo suo operare, Piranesi, che si sentiva erede degli antichi romani e come tale soffriva ancora di più per la ferita dell'insulto patito, aveva voluto imitare, come spiega egli stesso, l'azione dell'imperatore Caracalla, che intendendo cancellare la memoria di suo

[6] G. B. Piranesi, *Lettere di Giustificazione* (Roma, pubblicato dall'autore, 1757), p. 1.

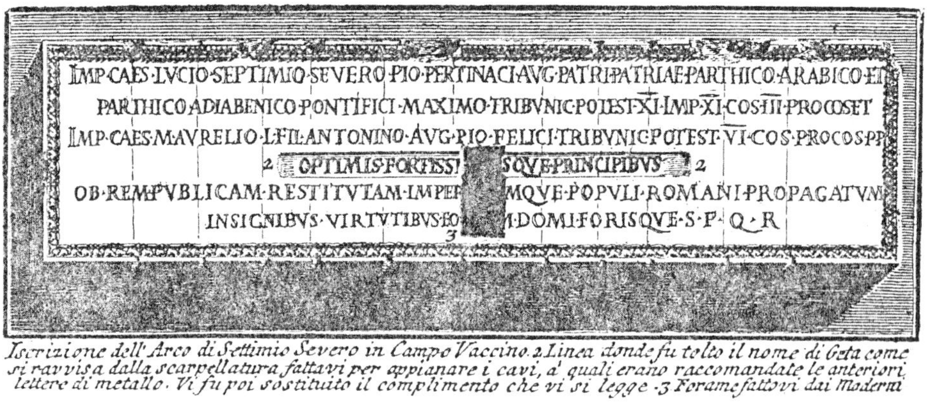

Fig. 51 G. B. Piranesi, Iscrizione dell'Arco di Settimio Severo, da: *Lettere di Giustificazione*

fratello Geta, da lui ucciso per odio, ne aveva fatto scalpellare via il nome dall'Arco di Settimio Severo [fig. 51]: 'per non guastar le mie Tavole, imiterò quel che si vede sull'Arco di Settimio Severo nella linea da cui fu tolto il nome di Geta per ordine di Caracalla suo fratello, e vi sostituirò un complimento al Pubblico, che sarà insieme e giudice e testimone delle cose passate dall'una e l'altra parte intorno a questa dedica' (*Lettere*, p. XVI).

Cancellare il nome dalle iscrizioni faceva normalmente parte, nella Roma antica, della procedura seguita nella *damnatio memoriae*, che aveva come scopo di obliterare ogni ricordo della persona ad essa condannata.

Due delle lettere stampate sono dirette a *Milord*, ossia Lord Charlemont, mentre la terza è indirizzata all'abate scozzese Peter Grant, chiamato in Italia Grande o Grandi e il nome pare che si adattasse bene alla sua mole.

Le Antichità Romane del 1756, costituiscono un lavoro di fondamentale importanza per gli studi antiquari del tempo. Era iniziata come un'opera molto più modesta, anche se centrale nella poetica piranesiana, dedicata agli antichi sepolcri romani. In questa sua forma limitata aveva ottenuto l'appoggio del facoltoso Lord Charlemont. Egli aveva accettato che il lavoro gli fosse dedicato e come era uso, l'accettazione di una dedica comportava un obbligo di contributi finanziari.

Il visconte James Caulfield di Charlemont, doveva essere apparso a Piranesi come la figura di un grande mecenate nel quale egli poteva riporre molte speranze. Questo giovane aveva in realtà molti pregi. Al suo arrivo in Italia a circa venti anni, era stato ben accolto in tutte le corti e da tutti i più eruditi studiosi italiani; si occupava a fondo di letteratura italiana, era stato tra i primi ad avventurarsi in Grecia in Turchia ed in Egitto come parte del suo viaggio d'istruzione e soprattutto aveva fondato nel 1751 'un'Accademia per gl'Inglesi, professori delle Arti Liberali', come ci dice lo stesso Piranesi (*Lettere*, pp. III-IV, nota 4). L'accademia, sotto la direzione del pittore John Parker, uno degli agenti di Lord Charlemont e quello più inviso a Piranesi, non ebbe però lunga vita. Di questo fatto Piranesi, nella stessa lettera, accusa proprio John Parker, considerato un ostacolo al patronato delle arti: 'La condotta del Signor Giovanni Parker, che se n'era arrogata la direzione, avendo fatte nascere delle dissensioni fra gli Accademici, e forse insieme altre ragioni a me incognite, diedero causa alla soppressione di questo stabilimento, che onorava ugualmente il Fondatore, che la Nazione Inghilese' (*Lettere*, p. IV, nota 4).

Se Lord Charlemont si presentava come un promettentissimo mecenate al quale rivolgersi, tanto più amara dovette essere la delusione di Piranesi quando questa protezione venne a mancare. Infatti con il procedere del lavoro la progettata opera sui monumenti sepolcrali assunse scopi molto più ambiziosi e con il passare del tempo e l'aumentare della mole dell'opera, l'appoggio economico di Lord Charlemont o dei suoi agenti o di entrambe le parti, gradualmente venne meno. Secondo il nuovo piano, Piranesi proponeva di dividere in quattro volumi in folio i risultati delle sue ricerche e le quattro dediche preposte ai volumi divennero il centro della polemica. Queste si proponevano in origine due scopi principali e come spiega lo stesso incisore in una nota della sua prima lettera, esse intendevano fare 'allusione al soggetto dei quattro Volumi, l'uno de' quali tratta delle rovine di Roma, due altri de' Sepolcri antichi, e l'ultimo de' portici e de' ponti, che son rimasi fino a' dì nostri' (*Lettere*, p. II, nota 3).

L'altro scopo era di onorare il suo mecenate presentando, nelle tavole dedicatorie, delle cose magnifiche che indicassero, sempre citando Piranesi: 'la protezione che la nobiltà e l'opulenza concedono alle belle arti' (*Lettere*, p. II, nota 3). Il desiderio espresso dall'artista era che ci fosse armonia tra la magnificenza delle stampe, viste sia sotto l'aspetto formale sia sotto quello del contenuto, ed il tono magniloquente delle parole dell'iscrizione dedicatoria dettata dallo stesso Charlemont. Egli infatti si era qualificato 'UTILITATI PUBLICAE NATO', cioè addirittura nato per la pubblica utilità ed anche come colui che favoriva gli ingegni e promuoveva le arti: *ingeniis favebat e artes promovebat* [fig. 63].

In particolare questa autoglorificazione non era andata giù a Piranesi e le sue lettere mirano a mettere in rilievo il contrasto tra la parsimonia con cui era stato trattato e il carattere tronfio con cui gli era stata concessa la protezione del Milord, rivelatasi poi inconsistente: come mirano anche a giustificare il mutamento da dediche opulente ed elogiative a palesemente offensive:

> una iscrizione tal qual'è quella rimessami per parte di V.G. e [...] il titolo di: NOBILI VIRO UTILITATI PUBLICAE NATO PATRITIO &c. richiedeva una distinzione del tutto particolare; fui di parere, che la cosa sarebbe stata povera e meschina, qualora non avessi fatto tutto quel che avessi potuto immaginarmi di più ricco, per corrispondere spezialmente alla pompa singolare delle parole: UTILITATI PUBLICAE NATO. In fatti tutta la maestà dell'arte è appena capace di corrisponderle [...]. Così Milord, questa sorta d'Iscrizione mi ha indotto ad aggiungere ne' miei libri quattro frontespizj di più. (*Lettere*, p. VIII)

A questo proposito si può prendere in considerazione il secondo frontespizio delle *Lettere di Giustificazione* che, in tono con il volume delle *Antichità Romane* che tratta dei monumenti sepolcrali, mostra una rievocazione fantastica della Via Appia con i suoi monumenti funebri [fig. 58]. La didascalia di questo frontespizio contiene una chiara dose di sarcasmo quando, sempre riferendosi al VIRO UTILITATI PUBLICAE NATO, menziona il fatto che

Lord Charlemont: 'ristrinse da se stesso le proprie lodi nell'epigrafe della Tavola precedente, [quella cioè in cui egli si dichiara 'nato per la pubblica utilità ecc.'] [fig. 63]; e perciò l'Autore si era studiato di compensare la di lui modestia co' presenti quattro Frontespizj'.

Vedremo come nella tavola XVI delle *Carceri* il sarcasmo nelle scritte verrà messo da parte ed agirà uno spirito di diretta vendetta. Quantunque questo genere di vendetta già fosse presente in alcune iscrizioni delle *Lettere di Giustificazione*, come vediamo per esempio nella tavola VIII, contenente le nuove dediche, dove al nome di Lord Charlemont, inciso sulla colonna rostrale nel terzo frontespizio[fig. 59], Piranesi aveva sostituito la dedica a Marte Ultore [fig. 61].[7] Nello stesso terzo frontespizio si può anche notare che la figura davanti alla colonna rostrale che contiene l'iscrizione a Milord, è simile per l'aspetto giovanile a quelle della lapide contenuta nella tavola XVI [fig. 32] delle *Carceri*, in particolare a quella sulla destra di chi guarda.[8]

L'artista ci fornisce accurate spiegazioni dei quattro frontespizi in una nota delle *Lettere di Giustificazione*. Del secondo [fig. 58], che contiene la rievocazione fantastica della Via Appia e che ci colpisce per un certo aspetto caotico, Piranesi ci dice perfino che: 'L'Autore ha cercato di dare un'idea della confusione, che Cicerone dice di essere stata da per tutto, poichè tutt'i clienti d'una Casa si gloriavano di far posare le loro ceneri presso quelle de' lor padroni' (*Lettere*, p. II, nota 3).

Le spiegazioni di Piranesi sono indicative del fatto che non c'era nulla in queste sue stampe lasciato al caso; ogni singolo dettaglio racchiude nell'intenzione dell'artista un preciso significato. Nella stessa nota delle *Lettere di Giustificazione* egli ci spiega anche perchè sulla Via Appia, strada di sepolture nobili, egli abbia messo un'iscrizione a Milord sulla supposta tomba degli Scipioni, luogo che Piranesi riteneva adatto per associare il nome di Lord Charlemont a quello di personaggi noti non solo per il loro valore guerriero, ma anche come grandi protettori delle arti.

Anche se Piranesi non ne parla vediamo che altri illustri suoi contemporanei come l'architetto Robert Adam ed il pittore Allan Ramsey appaiono citati nella Via Appia. La loro memoria, in maniera un po' lugubre, ma simbolicamente duratura appare fissata su pietre sepolcrali. Essi sono onorati per l'eternità insieme agli illustri cittadini romani. Piranesi non menziona neppure un'altra piccola lapide triangolare situata in basso, in posizione umile, subito dietro il cippo che indica la Via Appia [fig. 65]. Questa lapide che finora sembra essere stata ignorata dai contemporanei, non era però sfuggita all'attenzione del personaggio all'epoca maggiormente interessato: John Parker.[9] Proprio questa lapide a me pare interessante come uno degli esempi più eclatanti che possiamo trovare nelle *Lettere di*

[7] È noto che a Marte Vendicatore di Cesare, Augusto aveva innalzato un tempio nel foro che da lui prende nome. Sulla colonna rostrale [fig. 61], accanto allo spirito di diretta vendetta, espresso dalle parole, permane un segno, piuttosto nascosto, di derisione che John Parker così descrive: 'a column, [...] the name and title erased, and put "Marti Vltori", with three pair of coglioni, one above the inscripton; the two below'; 'una colonna [...] il nome e il titolo raschiati via, e messo "Marti Vltori", con tre paia di coglioni, uno sopra l'iscrizione; e due sotto'. *The Manuscripts and Correspondence of James, First Earl of Charlemont*, a cura di Sir John Gilbert, 2 voll. (London, Historical Manuscripts Commission, 1891-94), I, 246. Mi riferirò a tutte le seguenti citazioni da questa pubblicazione usando come forma abbreviata il nome del curatore: Gilbert.

[8] La figura posta davanti alla colonna rostrale è notevolmente diversa da quella corrispondente, di apparenza molto più matura, rappresentata nel terzo frontespizio dedicatorio delle *Antichità Romane* [fig. 64].

Fig. 52 G. B. Piranesi, Cadavere portato alla pira, da: *Lettere di Giustificazione*

Giustificazione, di attacco ingiurioso, una sorta di *damnatio memoriae.* Non però manifestata in modo diretto, come nella prima tavola del frontespizio dove il nome di Milord è stato raschiato via, ma espressa in forma criptica e allusiva. Proprio come avviene, a mio parere nella tavola XVI delle *Carceri*, che credo ispirata ad un simile intento diffamatorio. Sulla lapide si distingue una scritta frammentaria

D M / IOAN / PARKER / TRANSLA / IN CAMPO / ESQUILIN

Evidentemente secondo Piranesi, il cadavere del povero Parker consacrato, secondo quello che indicano le prime due lettere dell'iscrizione D. M., agli dei Mani, non doveva essere considerato degno di riposare in un sepolcro onorato, come indicava il cippo a lui dedicato nel corrispondente frontespizio delle *Antichità Romane.* Piranesi ora lo ritiene degno soltanto di una sepoltura infame sul monte Esquilino. Questo infatti al tempo della repubblica, prima della bonifica operata da Mecenate per la costruzione dei suoi celebri giardini, era servito nelle sue falde orientali, come sepolcreto per i poveri e gli schiavi.

John Parker, segretario di Lord Charlemont, era stato il personaggio chiave in questa penosa storia tra Piranesi ed il suo mancato mecenate, mecenate che però, secondo quello che Piranesi pensava di lui, non avrebbe mai bonificato il campo Esquilino, come aveva fatto invece il vero Mecenate, e ne avrebbe perpetuato così lo sconcio stato, con le sue sepolture all'aperto, i mefitici 'puticoli' visitati dai cani e dagli uccelli. Sepolcreto che Piranesi quindi, sempre secondo questa ipotetica ricostruzione, poteva avere ancora in un certo senso a disposizione, come vedremo, per i suoi nemici.

Nelle trattative tra Piranesi e Lord Charlemont, al pittore J. Parker si erano associati anche E. Murphy e l'abate Grant, divenuti tutti fortemente invisi all'artista e contro i quali si

9 In una lettera da Roma del 5 aprile 1758 indirizzata a Edward Murphy, John Parker, nel dare notizia degli elementi satirici introdotti da Piranesi nelle sue stampe, scrive: 'as he had complimented me and Messrs. Ramsay and Adamo with sepulchres in the Via Appia amongst the Scipios etc., he had rased out the encomium of "Pictor; Studio": etc. and put "Translat. in Esquil" '; 'come aveva complimentato me e i Signori Ramsay e Adam con dei sepolcri nella Via Appia tra gli Scipioni ecc., egli [Piranesi] aveva raschiato via l'encomio di "Pictor, Studio": ecc. e messo "Translat. in Esquil" ' (Gilbert, I, p. 245).

Fig. 53 G. B. Piranesi, Campus Esquilinus, da: *Lettere di Giustificazione*

appuntarono i suoi strali. Infatti egli non solo decise di rendere aperta la controversia pubblicando le lettere e le alterate dediche dei frontespizi, ma aggiunse anche un elemento del tutto nuovo come ornamento del libello, quelle vignette allegoriche alle quali ho già accennato, che costituiscono un attacco feroce contro gli agenti di Milord e che per questo fecero tremare il povero Parker ed i suoi amici che vi si videro illustrati.

Al contrario di quanto aveva fatto per i frontespizi, Piranesi non spiega il significato di queste scene allegoriche, ma esse dovevano essere comprensibili a molti e tra gli altri all' odiato Parker che per esempio riconosce l'abate Grant nel cadavere portato alla pira [fig. 52] e se stesso nella vignetta che rappresenta *Il Tempo che scopre la Verità* [fig. 50]. Egli si vede nel personaggio con la gamba gonfia che perde il cappello mentre passa sotto le tre aste, seguito dai suoi amici: Mr. Murphy e per ultimo il corpulento abate Grant.[10] Tutti procedono con aspetto dolente verso la Verità, ma per fare questo devono subire l'umiliazione alla quale gli antichi sottoponevano i loro nemici sconfitti: passare sotto il giogo. La scritta in greco in basso a destra suona come un'esortazione, *pròs taûta*, riguardo ciò, a non nascondere nulla. Secondo la traduzione che ne dà Lamberto Donati: 'Non celar dunque nulla, perchè il tempo, che tutto vede e tutto ascolta, tutto rivela'.[11]

Parker aveva anche notato la scritta sopra la sua testa e quella dei suoi amici: 'IN AEQUIMELIO', senza però spiegare a che cosa si riferisse questo nome, tanto doveva essere evidente per lui il suo significato. Per noi forse non è altrettanto evidente ed ha bisogno di una spiegazione. Aequimelium era il nome dato ad un'area di terreno sotto il Campidoglio, non lontano dal Carcere poi detto Mamertino. Qui una volta, nel V secolo a. C., sorgeva la casa di Spurio Melio che fu ucciso ed ebbe la sua dimora rasa (*aequata*) al suolo, per aver aspirato al sommo potere. *In Aequimelio* ricorda quindi la punizione subita dall'aspirante tiranno e funge da monito per chi ambisce arrogarsi dei poteri indebitamente, come appunto i personaggi della vignetta, umiliati, puniti come dei vinti, trattati come dei prigionieri,

[10] Si vedano J. Scott, *Piranesi* (London, Academy Editions, 1975), p. 115 e Gilbert, I, p. 245.

[11] Donati ci dice anche che questo è un frammento contenente errori derivato in origine da Sofocle e che Piranesi cita da Aulo Gellio: L. Donati, 'Piranesiana', *Maso Finiguerra*, 2 (1938), 206-13, (p. 206).

non lontani dal carcere che li aspetta. Intendo il carcere della tavola XVI. La sconfitta dei tiranni implica la conquista della libertà. Questa scena allegorica è quindi anche una celebrazione della libertà, tema molto caro a Piranesi e ricorrente sia nelle *Lettere di Giustificazione* sia nelle *Carceri.*

Qui a me interessa in particolare soffermarmi sulla vignetta allegorica finale delle *Lettere di Giustificazione* [fig. 53] dove mi sembra evidente il legame con la lapide triangolare contenente il nome di Parker osservata nel secondo frontespizio [fig. 65]. Infatti in questa scena troviamo, espressi con umorismo sinistro, la continuazione ed il compimento di quanto scritto sulla lapide del secondo frontespizio. Parker vi riconosce una veduta del Campo Esquilino con diverse figure che trasportano cadaveri nei 'puticoli'. CAMPUS / ESQUI / LINUS è infatti scritto ben visibile su un cippo sulla destra, mentre al centro, come si legge sul monumento funebre, sono riportate quasi integralmente le parole del poeta Orazio che si riferiscono all'Esquilino:

MILLE/PEDES/IN FRONTE/TRECENT/IN AGRUM/H. M. N. S.

Sono parole che scimmiottano in modo ironico l'uso delle ricche tombe private in cui era indicata l'estensione del terreno per la sepoltura e si dichiarava che quel terreno insieme con il monumento non era ereditabile. Le iniziali H. M. N. S. stanno infatti per: *heredes monumentum ne sequeretur* (Orazio, Libro I, Satira VIII, v. 13). Come se i miserabili che venivano gettati in queste fosse potessero arrogarsi il diritto di salvaguardare una qualche proprietà e con essa la loro fama per il futuro, impedendo agli eredi di usufruire del terreno con il sepolcro come parte dell'eredità. Questo è perciò un altro riferimento al campo Esquilino come luogo di sepoltura per persone vili, e segna un netto contrasto con le molte tombe illustri che Piranesi aveva inciso nei suoi volumi delle *Antichità Romane.*[12] Ed è proprio questo luogo, questo sepolcreto di schiavi e di miserabili che Piranesi ha scelto per deporvi i corpi dei suoi nemici, infatti ha posto qui la loro tomba.

Parker la individuò molto facilmente riconoscendo le sue iniziali e quelle dei suoi amici segnate sulla lapide funeraria situata sulla destra nella stessa vignetta finale [fig. 53]. Anche qui si può ravvisare la procedura della *damnatio memoriae* nel fatto che il resto dei nomi appare come cancellato, raschiato via. Che in effetti i nomi siano stati raschiati è provato dal fatto che in uno stato precedente della stampa, questi apparivano scritti per intero (Donati, p. 207), rendendo tra l'altro evidente a tutti l'identità dei personaggi. Possiamo anche notare che alla base della lapide ci sono dei tavoloni di cotto, simili a quelli che si vedono anche nella vignetta del *Tempo che scopre la Verità* [fig. 50]. Questi servivano per coprire '*le Ossa della più bassa Famiglia*', come dice lo stesso Piranesi nella didascalia della sua *Camera sepolcrale* del 1743 [fig. 66]. Questo dettaglio può quindi essere annoverato tra le altre offese rivolte agli agenti di Lord Charlemont.

Inoltre osservando le iniziali di J. Parker sulla lapide funeraria nella vignetta finale [fig. 53] verifichiamo anche la veridicità dell'iscrizione notata nel secondo frontespizio sul cippo riguardante la traslazione del corpo di Parker dalla Via Appia all'Esquilino [fig. 65]: il cadavere, secondo quello che leggiamo sulla lapide dell'ultima vignetta [fig. 53], è stato così

[12] In epoca posteriore a Piranesi sono state scoperte ricche tombe sull'Esquilino accanto alle mura così dette Serviane.

Fig. 54 G. B. Piranesi, *Carceri d'Invenzione*, dettaglio della tavola XVI

Fig. 55 G. B. Piranesi, Frontespizio delle *Lettere di Giustificazione*, primo stato

Fig. 56 G. B. Piranesi, Frontespizio delle *Lettere di Giustificazione*, secondo stato. Biblioteca Apostolica Vaticana

davvero traslato nel Campo Esquilino. Non solo, ma possiamo anche notare un 'ornamento' sulla lapide con le iniziali che a prima vista sembrerebbe costituito da tre sacchetti visibili nella parte superiore: allusione di dantesca memoria all'avarizia e che qui potrebbe riferirsi all'avidità dei tre personaggi lì metaforicamente sepolti. Questa sarebbe da parte di Piranesi una chiara ritorsione; lui stesso infatti era stato accusato di essere avido di denaro, come leggiamo nelle *Lettere di Giustificazione*: 'Non sa per tanto l'Autore, con qual fronte possano ora gli Agenti di Milord asserire, che questo Signore non avesse accettato, che la dedica dell'Opera secondo il progetto di un sol Volume, e che glie ne siano stati di poi dedicati quattro senza verun'approvazione, per l'avidità di un gran regalo' (*Lettere*, p. VII).[13]

Un altro fattore ingiurioso riscontrabile nella stessa vignetta mi sembra offerto dalla lapide posta sul lato sinistro a riscontro di quella con le iniziali. Qui appare un solo verso, parte di una frase, citata ancora una volta dalla Satira VIII di Orazio: PANTOLABO / SCURRAE / NOMENTANO / QUE NEPOTI. Il verso precedente chiarisce, come se non fosse stato già abbastanza sottolineato, come: 'Questo sepolcreto era comune alla povera plebe, al buffone Pantolabo e al dissipatore Nomentano'. '*Hoc miserae plebi stabat commune sepulcrum*', questo è il verso subito precedente, omesso e sottinteso. Questa è un'altra pesante sottolineatura dei pensieri di Piranesi che ritiene i suoi nemici degni di essere sepolti in modo indiscriminato accanto a gente infima e ignobile, in un campo 'sfigurato dalle bianche ossa', come ricordava Orazio nella stessa *Satira* sopra menzionata (v. 16): una efficace *damnatio memoriae*.

Vediamo così come l'uso in origine encomiastico delle iscrizioni tombali dedicatorie quali apparivano nei frontespizi delle *Antichità Romane*, si sia ritorto, in questo libello, nel suo opposto: un uso infamante. Questa inversione di significato ci riporta alla tavola XVI delle *Carceri* [fig. 32], anche qui abbiamo una lapide funeraria con una iscrizione sinistra di significato molto negativo: IMPIE / TATI / ET / MALIS / ARTIBUS. Inoltre tra la lapide con le iniziali contenuta nelle *Lettere di Giustificazione* [fig. 53] e quella della tavola XVI esiste anche una certa somiglianza d'aspetto, soprattutto nella forma tondeggiante della parte superiore. Un altro parallelismo è che in una troviamo le iniziali di nomi, sull'altra due volti di persone. Entrambe alludono a dei personaggi vilipesi.

A mio parere nella Tavola XVI Piranesi continua la sua polemica con Lord Charlemont, polemica che come si capisce sia dalla parte illustrata, sia dal testo scritto delle *Lettere di Giustificazione*, insisteva su due punti principali: il fatto che Lord Charlemont non fosse un protettore delle arti e non meno importante, il fatto che l'artista dovesse essere rispettato come un essere libero e trattato in maniera onorevole come è giusto per chi lascerà dietro di sè una fama duratura. Piranesi infatti scrive: 'vi prego, Milord [...] ricordarvi solo della protezione che mi avete promessa, e degl'insulti che per essa mi sono stati fatti. La perdita di

[13] J. Parker riconosce nell' 'ornamento' sulla lapide un riferimento osceno. Nella lettera con il suo commento a questa vignetta egli scrive: 'The "Finis coronat opus", is a view of the Campus Esquilinus, several figures carrying dead bodies into the puticoli; three cippi [...] on the third: tre pare di coglioni at the top'; ' "Finis coronat opus" è una veduta del Campo Esquilino con diverse figure che trasportano cadaveri nei puticoli; tre cippi [...] sul terzo, in cima: tre pare di coglioni' (Gilbert, I, 246). Questo 'ornamento' è qui in tono con la satira di Orazio da cui prende ispirazione tutta la scena. Infatti Orazio nella sua satira fa parlare una statua di Priapo che spiega come con la sua mano destra e con i suoi attributi peculiari tenga lontano i ladri. Quindi sia che si interpretino come sacchetti o nel modo in cui li descrive Parker, il loro significato sembra che possa ricondursi a quello centrato sulla questione delle mancate retribuzioni.

Fig. 57 G. B. Piranesi, 'Primo Frontespizio', da: *Lettere di Giustificazione*

tempo e delle fatiche mi farà piacere, ma non posso sopportar quella dell'onoratezza' (*Lettere*, p. X). E ancora: 'mi pare di poter ragionevolmente sperare, che il nome dell'Autore passerà alla posterità colla sua Opera' (*Lettere*, p. XII). E più sotto Piranesi aggiungeva:

> se un gran Signore deve avere a cuore il nome de' suoi antenati, un Professore, che lascia il suo nome dopo di se, deve avere a cuore la riputazione sua e de' suoi discendenti. Un gran Signore è per il tempo presente l'ultimo del suo nome; un Professore n'è il primo; e l'uno e l'altro debbono avere la medesima delicatezza. (*Lettere*, p. XIII)

Poco prima aveva negato, e la sua era una tipica negazione che implicava il contrario, di aver mai potuto immaginare che Lord Charlemont avesse potuto farsi: 'non mio protettore, ma padrone, e tenermi, non per cliente, ma per vassallo'. Continuava poi di seguito: 'L'assuefazione, in cui sono, di esaminare i residui della grandezza Romana, e di ricercare ne' Libri di que' fieri Repubblicani i loro usi, costumi, e spirito, mi ha data questa nobile idea della libertà, che conviene ad ogni uomo d'onore' (*Lettere*, p. III).

È rilevante poi il tono di denuncia che Piranesi usa riguardo ai malevoli sotterfugi degli agenti di Milord da lui smascherati. E la scena con *Il Tempo che scopre la Verità* [fig. 50], è emblematica di questo. Il servo, il vassallo, non è Piranesi, semmai, come si deduce dall'allegoria, i vinti, gli schiavi, sono quelli che, comportandosi da vili, non mantengono le loro promesse. Per loro è giusto passare sotto il giogo, per loro è giusta una sepoltura tra gli infimi lasciando un'orribile memoria di sè. Infine per loro è giusta addirittura la sepoltura in una prigione.

Secondo la mia interpretazione la lapide nella tavola XVI delle *Carceri* ribadisce sostanzialmente gli stessi due punti sopra menzionati: il mancato patronato delle arti ed il tema della libertà. Le 'male arti' possono essere intese sia in opposizione alle 'buone arti' sia come 'malvagi intrighi'. L'epitaffio si riferisce così sia al fallimento nella protezione delle arti sia, creando un gioco di parole, ai malvagi intrighi. Per entrambe le cose, i due individui raffigurati sulla lapide sono puniti. La loro è stata una condanna a morte, a questo allude la tomba nel carcere, che indica anche una perpetua perdita della libertà come anche un'eterna infamia. A questo ancora una volta sono condannati i nemici di Piranesi o meglio, i nemici delle arti, per la loro 'empietà'. Suggerirei infatti di interpretare il termine '*impietati*' come mancanza del religioso rispetto dovuto, in questo caso, alle arti.

Nel riferire le *Lettere di Giustificazione* alla tavola XVI delle *Carceri* finora abbiamo esaminato soprattutto le scene allegoriche contenute nel libello. Ma se si considerano anche le altre parti del libello cioè i frontespizi e il testo stesso qui si possono trovare specifiche connessioni con l'epigrafe della tavola XVI: IMPIETATI ET MALIS ARTIBUS. A questo proposito mi sembra degna di particolare nota la dedica che si legge nel quarto frontespizio delle *Lettere di Giustificazione* che riproduce, come sappiamo, in formato ridotto il quarto frontespizio delle *Antichità Romane* e ne testimonia il carattere elogiativo. La dedica è rivolta al nobilissimo visconte di Charlemont BONARUM ARTIUM PROMOTORI MUNIFICENTISSIMO [fig. 60]. A mio parere proprio queste 'buone arti' o come oggi si direbbe 'belle arti', di cui in effetti non si era fatto promotore il 'munificentissimo' Lord, almeno nei riguardi di Piranesi, sono diventate le *malis artibus* degne di essere punite nelle *Carceri*.

Fig. 58 G. B. Piranesi, tavola II, 'Secondo Frontespizio', da: *Lettere di Giustificazione*

È da notare che nel mutamento del quarto frontespizio la dedica in origine rivolta a Lord Charlemont sarà invece indirizzata a tutti quelli che riscattano e proteggono le buone arti, VINDICIBUS ET PROTECTORIBUS / BONARUM ARTIUM come possiamo leggere nella tavola delle *Lettere di Giustificazione* che mostra le nuove dediche [fig. 61]. Mentre l'idea della vendetta, che è quella che fondamentalmente anima la pubblicazione delle *Lettere di Giustificazione* come anche molte delle innovazioni apportate alla tavola XVI, è chiaramente espressa nella dedica del terzo frontespizio dove, come abbiamo già visto, al nome di Lord Charlemont, scritto sulla colonna rostrale, è stato sostituito quello del dio della guerra: Marte Vendicatore, MARTI / ULTORI [fig. 61].

Per quanto riguarda poi il testo delle *Lettere di Giustificazione* qui troviamo innumerevoli riferimenti al mancato patronato delle arti ed un ulteriore parallelo così all'iscrizione della lapide nella tavola XVI delle *Carceri*. Per esempio, nella prima lettera Piranesi si rivolge a Lord Charlemont con le seguenti parole: 'a che farmi scrivere il titolo di Protettore delle Arti, se, come dice adesso Parker, Milord non è portato per le Arti? e lasciarmi spandere per il pubblico una settantina di esemplari col nome di Milord?' (*Lettere*, p. X). E più sotto aggiunge: 'Cosicchè se V. G. [...] non mi rende giustizia, se non mi protegge in effetto dalla calunnia divulgata contro di me [...] egli è certo, Milord, che non posso, nè da uomo d'onore, nè senza rendermi oggetto di derisione appresso il Pubblico, chiamarvi il Protettore delle Arti, e dirmi vostro Protetto' (*Lettere*, p. XIII).

Un'altra frase, sempre nella prima lettera, si riferisce a J. Parker, in essa mi sembra che si possa ravvisare un'eco delle '*malis artibus*' intese nell'accezione di 'intrighi': 'Ma la cosa non finisce quì, Milord: gli affronti si son renduti pubblici; e tutt'i miei amici, tutti gli Amatori delle belle Arti, tutta Roma si lagnava per me nel tempo ch'io per riguardo di V. G. cercava di seppellir nell'oblio le male azioni del vostro Agente' (*Lettere*, p. XII).

Abbiamo già visto che Parker è considerato da Piranesi come un individuo che sostanzialmente ostacola le belle arti, ora vedremo come egli sia ritenuto addirittura un loro persecutore. Una denuncia molto esplicita in questo senso si trova in una lettera manoscritta allegata al volume delle *Antichità Romane* dell'edizione Barberini alla Biblioteca Vaticana. La lettera è intitolata: *Terza Lettera/ Al Pubblico, al Sig.re Ab.e Grandi, ed al S.r Parker.* Alcune parti di questa lettera, come il brano seguente rivolto al Parker, che tocca il tema della civiltà delle nazioni in relazione al patronato delle arti, non furono pubblicate da Piranesi:

> Spiegherò qui il soggetto di queste quattro dediche, e giudicherete voi medesimo, se per averle fatte meritavo di sentir le minacce che avete creduto a proposito di farmi fare a nome di Milord; imperocchè in qual paese mai, e presso qual popolo che sia culto si potrà approvare che a nome di Milord voi abbiate corrisposto colle ingiurie alle civiltà che gli si facevano: che abbiate perseguitato le arti delle quali Milord si dichiara Protettore

Terminata la spiegazione dei quattro frontespizi, l'ultima parte del manoscritto, anch'essa rimasta inedita, così prosegue: 'Che potevo far di più per far piacere a Milord? ma voi Sig.r Parker non mi avete da sua parte ricompensato peranche che con ingiurie e minacce di farmi assassinare. Per queste piccole cortesie potrei con tutta la verità del mondo chiamarvi: *Remunerator munificentissimus*'.

Fig. 59 G. B. Piranesi, tavola III, 'Frontespizio Terzo', da: *Lettere di Giustificazione*

Di una lettera diretta da Piranesi a Lord Charlemont, ma non pubblicata dall'artista, Lamberto Donati che ne curò anni fa l'edizione dice che:

> Da questa apparisce che la colpa del Lord fu molto grave, assai più di quanto il Piranesi abbia detto. L'artista fece di tutto per scagionare il Mecenate, attribuendo tutta la responsabilità dell'incidente ai suoi procuratori; ma non potè evitare che la verità apparisse. Lord Charlemont confermò l'opera dei suoi agenti col silenzio, la qual cosa fece montare in furore il Piranesi.[14]

Come abbiamo visto, le minacce, causate dalla pubblicazione del libello non tardarono a piovere sul capo di Piranesi, che stando a quanto dice lui stesso in vari punti delle sue lettere, correva il rischio di essere assassinato. Sappiamo poi da altre fonti che gli era stato proibito, dal governatore di Roma, di continuare a pubblicare il libretto infamante, che gli si minacciavano pene corporali e perfino la prigione.[15]

Si cercò di costringerlo a scrivere una lettera di scuse ed egli ne dovette scrivere cinquanta, dal momento che continuavano a venirgli rifiutate perchè non sufficientemente umili. Alla fine Piranesi disse che non ne avrebbe più scritte e l'ultima, la cinquantesima, in data marzo 1758, fu accettata. Questa si trova stampata in italiano, nel volume di G. Morazzoni,[16] ed in francese in quello curato da Gilbert (I, pp. 243-45). Malgrado tutto, il fiero artista continuò però a far circolare le *Lettere di Giustificazione* anche nel 1758. Esiste una copia alla Biblioteca Vaticana in cui una linea è aggiunta a penna ai numeri romani per aggiornare la data al 1758 [fig. 56].

Ma secondo il mio parere la vendetta dell'artista non era ancora pienamente compiuta, tanto grave era secondo lui il delitto commesso. Le parole più forti a questo riguardo le troviamo in una lettera indirizzata agli Accademici di San Luca, pubblicata nello stesso volume del Morazzoni appena citato (pp. 13-15). Piranesi riassumendo il contenuto delle *Lettere di Giustificazione* presentate agli Accademici, fa riferimento ad un personaggio che non nomina esplicitamente, ma che deve essere identificato con il pittore Parker, membro dell'Accademia già da qualche anno: 'trattasi della prostituzione delle nostre Arti tentata da chi aveva implorata ogni forza per essere ammesso con Voi a professarne la promozione; delinquenza che nella vostr'Accademia debb'essere la capitale'.

Ad una 'delinquenza capitale' deve corrispondere una sentenza altrettanto severa. Le carceri nelle quali i suoi nemici avrebbero voluto vederlo sono in realtà a disposizione di Piranesi, sono le 'sue' *Carceri*, che egli può usare per farsi giustizia da solo, non avendola ottenuta da quelli a cui l'aveva chiesta. Il sepolcro ignobile sull'Esquilino non è più sufficiente, il posto meritato da chi indegnamente non protegge le arti è la sepoltura in una prigione.

Tutta la diatriba ha il suo nucleo nel problema del patronato delle arti che come è noto era stato sin dall'inizio della carriera di Piranesi una questione scottante. Ricordiamo come nella dedica della sua prima opera, intitolata *Prima Parte di Architetture e Prospettive*, il ventitreenne artista lamenti la mancanza di quelli che dovrebbero finanziare le arti ma non lo

[14] L. Donati, 'Giovan Battista Piranesi e Lord Charlemont', *English Miscellany*, 1 (1950), 231-42 (p. 233).

[15] Per un succinto riassunto delle vicende intercorse tra Piranesi e Lord Charlemont si veda J. Scott, *Piranesi*, (pp. 108-16), citato sopra alla nota 8.

[16] G. Morazzoni, G. B. *Piranesi architetto e incisore* (Milano, Alfieri & Lacroix, 1921), pp. 16-18.

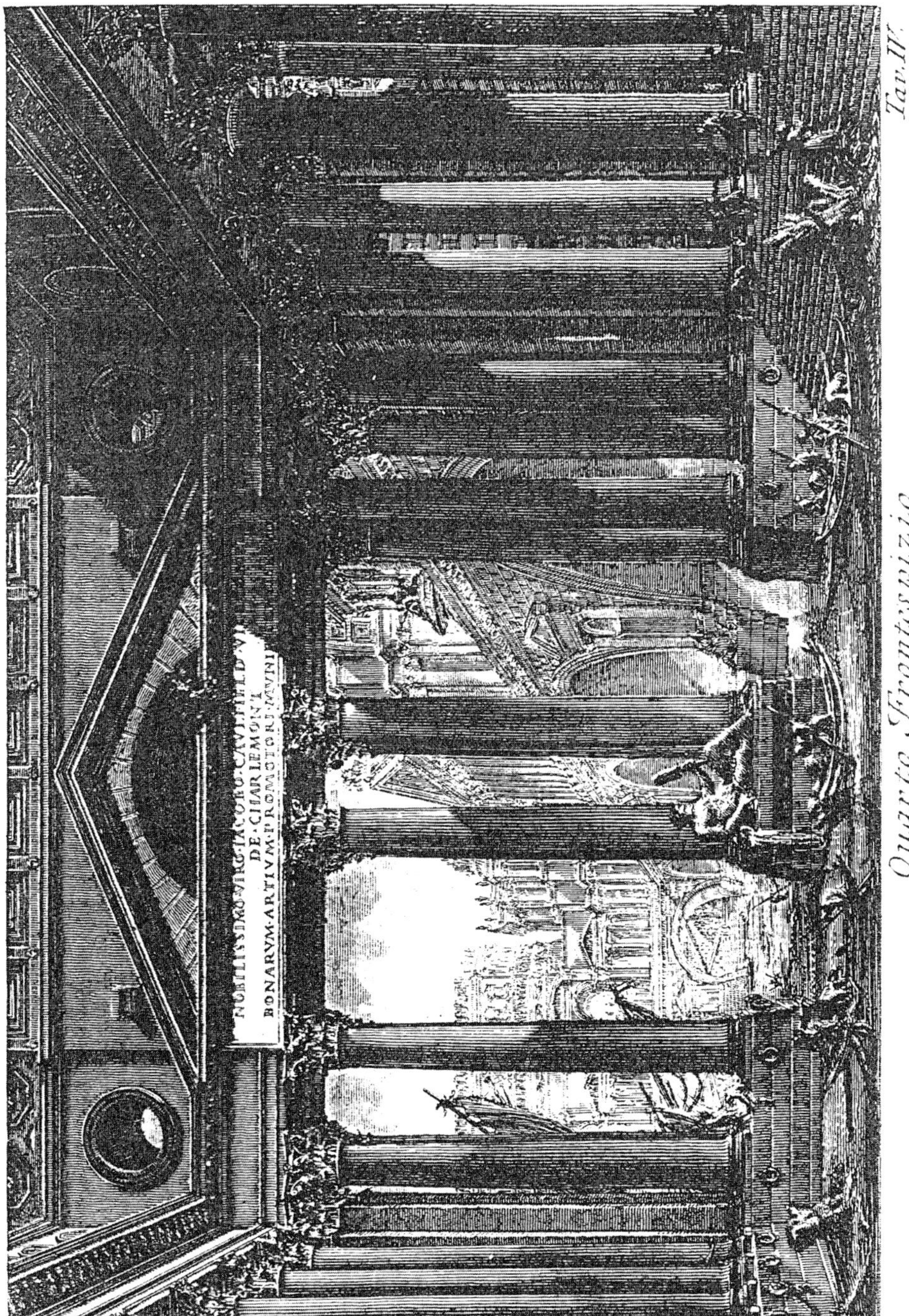

Fig. 60 G. B. Piranesi, tavola IV, 'Quarto Frontespizio', da: *Lettere di Giustificazione*

fanno, contribuendo così al meschino stato delle stesse:

> o pure ella sia colpa ancora di quelli che farsi dovrebbono Mecenati di questa nobilissima facoltà: il vero si è, che non vedendosi a nostri giorni Edifizi, che portino il dispendio, che ricercherebbe per esempio un Foro di Nerva, un Anfiteatro di Vespasiano, un Palazzo di Nerone; ned apparendo ne' Principi, o ne' privati disposizione a farneli vedere; altro partito non veggo restare a me, e a qualsivoglia altro Architetto moderno, che spiegare con disegni le proprie idee

In queste parole c'è l'amarezza e la frustrazione di chi deve ripiegare sulle invenzioni limitate alla stampa. Nelle *Lettere di Giustificazione* c'è la rivolta dell'artista che si ribella contro una qualsiasi dipendenza e la citazione da Ennio nel primo stato del frontespizio, suona come una chiara affermazione di rivolta e di indipendenza: NEC MI AURUM / POSCO NEC MI / PRETIUM DEDERITIS,[17] [fig. 55] 'non chiedo oro per me e non datemi un prezzo'.

Mi sembra ora che si possano riconsiderare le altre iscrizioni latine osservate nella tavola XVI delle *Carceri* [fig.54], alla luce di quanto detto sopra. Per quello che riguarda INFAME SCELUS / (ARBO) RI INFELICI SUSPE [NDE], suggerirei di considerare la prima parte completamente separata dall'altra. Sappiamo che questa infatti a differenza della seconda parte scritta nel secondo rigo, non è una citazione da Livio. *Atrox [...] facinus* di Livio non mi sembra equivalente a *infame scelus*. Inoltre sappiamo che nel testo liviano tra *atrox* e *scelus* ci sono anche altre parole interposte. In *infame scelus*, il termine *infame* ha il significato di 'disonorevole' e mal si adatterebbe all'azione in realtà non disonorevole bensì 'atroce' perpetrata dall'Orazio contro sua sorella. *Infame* si adatta invece molto bene al misfatto commesso da Lord Charlemont e da J. Parker per cui sono qui condannati. *Infame scelus* sarebbe secondo me quello di cui Piranesi era stato vittima da parte di coloro che egli riteneva suoi persecutori.

La seconda parte della scritta, come sappiamo, si riferisce alla legge che concerne i rei di alto tradimento, il cui testo è riportato da Livio nella narrazione dell'episodio dell'Orazio. In particolare abbiamo visto che sul pilastro nella tavola XVI, l'ordine delle parole di questo frammento di citazione è quello usato dal padre dell'Orazio che le ripeteva, come già detto, in tono di sfida per salvare suo figlio. Sappiamo anche che Piranesi menziona questo episodio nel *Della Magnificenza ed Architettura de' Romani* proprio per mettere in risalto la saggia disposizione che, in caso di condanna di un cittadino romano, concedeva di appellarsi al giudizio del popolo, la *provocatio*:

> Successe Tullo Ostilio nel regno; e quantunque ei fosse, come dice Tito Livio, *Più feroce di Romolo*, ci fa vedere, che la ferocia non gli toglieva l'essere altrettanto prudente, solo per questo tratto, ch'essendogli a cuore l'assoluzione d'Orazio uccisore di sua sorella, e molto più il non dar ansa con ciò ai cittadini di pretendere l'impunità

[17] Nell'edizione più tarda delle *Lettere di Giustificazione* [fig. 56] la citazione da Ennio è stata sostituita con una presa da Plinio: IUSTISSIMO CASU / OBLITERATIS / TANTAE VANITATIS / NOMINIBUS / PLIN. LIB. XXXVI / CAP. XXII. Piranesi vuole così ribadire la giustizia del suo operato nel rimuovere dalle *Antichità Romane* le dediche in origine rivolte a Lord Charlemont. Per una analisi di queste citazioni latine si veda S. Gavuzzo-Stewart, 'Gli "errori" di G. B. Piranesi: le citazioni latine nelle stampe d'invenzione', *The Italianist*, 17 (1997), 348-65.

> delle scelleraggini, ad intuito di qualche merito che fossero per farsi nella Repubblica; pensò perciò di fare, che Orazio trattasse la propria causa avanti i Duunviri, da' quali essendo stato condannato, gli concesse l'appellazione al popolo, lo salvò, lasciò con ciò le leggi nel loro vigore, e lo rimunerò in tal guisa per aver salvata la patria dall'emulazione, e dal giogo degli Albani. (*Della Magnificenza*, p. IX, § VI)

Anche Piranesi si vale della 'appellazione al popolo', cioè della *provocatio*, in vari modi, in varie occasioni. Si può dire che esista un certo parallelismo tra l'Orazio, valoroso eroe, e Piranesi, seguace, in nome della libertà, delle gesta antiche, egli minacciato di condanna, prima da parte dei suoi nemici e in seguito dalle autorità, si rivolge al pubblico, al popolo. Questa scritta della tavola XVI è insieme un ricordo della severa legge che si faceva risalire all'età regia, ma anche del suo 'antidoto': la *provocatio*. La scritta si può interpretare come un invito a seguire l'esempio degli antichi romani nell'applicazione delle leggi e, mettendole in pratica, provarne ancora la validità. Ed è proprio quello che ha attuato Piranesi nelle *Lettere di Giustificazione*, che sono il suo esplicito atto di appello al pubblico per ottenerne così giustizia come egli dichiara nella stessa opera:

> Non dubito perciò, che V.G. non sia per farmi la giustizia, che le domando. S'ella me la nega, le chiedo la permissione d'appellarne a' miei contemporanei e all'avvenire, ch'è il giudice naturale della riputazione degli uomini. Dico, Milord, che ne appellerò all'avvenire, perchè ardisco credere, come Orazio, d'aver finito un'Opera, che passerà alla posterità, e che durerà fin tanto che vi saranno de' curiosi di conoscere ciò, che rimaneva nel nostro secolo delle rovine della più famosa Città dell'universo. (*Lettere*, p. XI)

Se le *Lettere di Giustificazione* costituiscono l'appello al pubblico, cioè al popolo, nelle *Carceri* poi si opera la sentenza. Si può notare che il rilievo sul cippo contenente l'iscrizione qui esaminata, sembra convalidare questa interpretazione: si vede infatti un personaggio che rivolto verso la lapide indica i due volti lì raffigurati, mentre un altro personaggio con le mani che si suppongono legate dietro la schiena (questo richiama il testo di Livio), e vestito in abiti più settecenteschi che da antico romano, è rivolto verso lo spettatore, il pubblico. Questo potrebbe alludere proprio a Piranesi che, sotto accusa, aspetta dai suoi contemporanei e dai posteri, di essere assolto.

Le antiche leggi sono ancora valide, così come l'istituzione del carcere a cui si riferisce la citazione liviana della tavola XVI, già menzionata, scritta sulla colonna: AD / TERROREM / INCRESCEN [TIS] / AUDACIAE, ma che ora si può riconsiderare da un nuovo punto di vista. Livio ci dice, nel passo citato all'inizio, della necessità di costruire un carcere, per debellare i crimini perpetrati di nascosto, causati dal grande aumento della popolazione e dalla confusione nel discriminare tra il bene ed il male. Gli antichi motivi sono ancora presenti: i *facinora clandestina*, come quelli perpetrati dai suoi nemici hanno ancora bisogno di un carcere dove questi possano essere puniti. Questo è appunto il nuovo carcere 'costruito' da Piranesi, carcere che soltanto nella seconda edizione dell'opera trova la sua vera funzione ed i suoi reali prigionieri. Guardando poi la posizione della colonna con la scritta sovrastante la lapide centrale, sembra enfatizzato anche un riferimento visivo tra l'istituzione del carcere che deve incutere terrore e i due personaggi lì raffigurati che, se è giusta la mia iden-

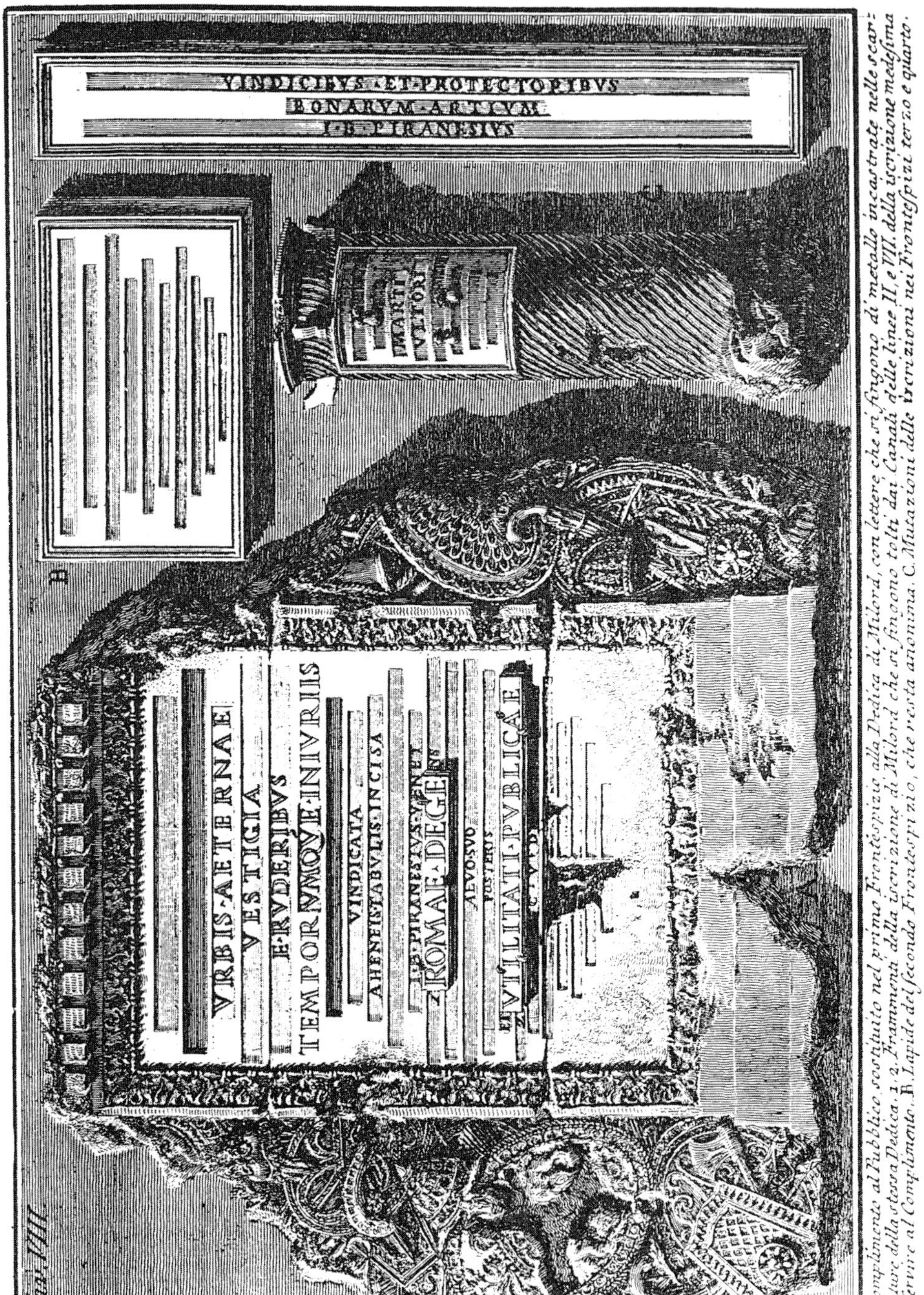

Fig. 61 G. B. Piranesi, Nuove dediche raggruppate nella tavola VIII delle *Lettere di Giustificazione*

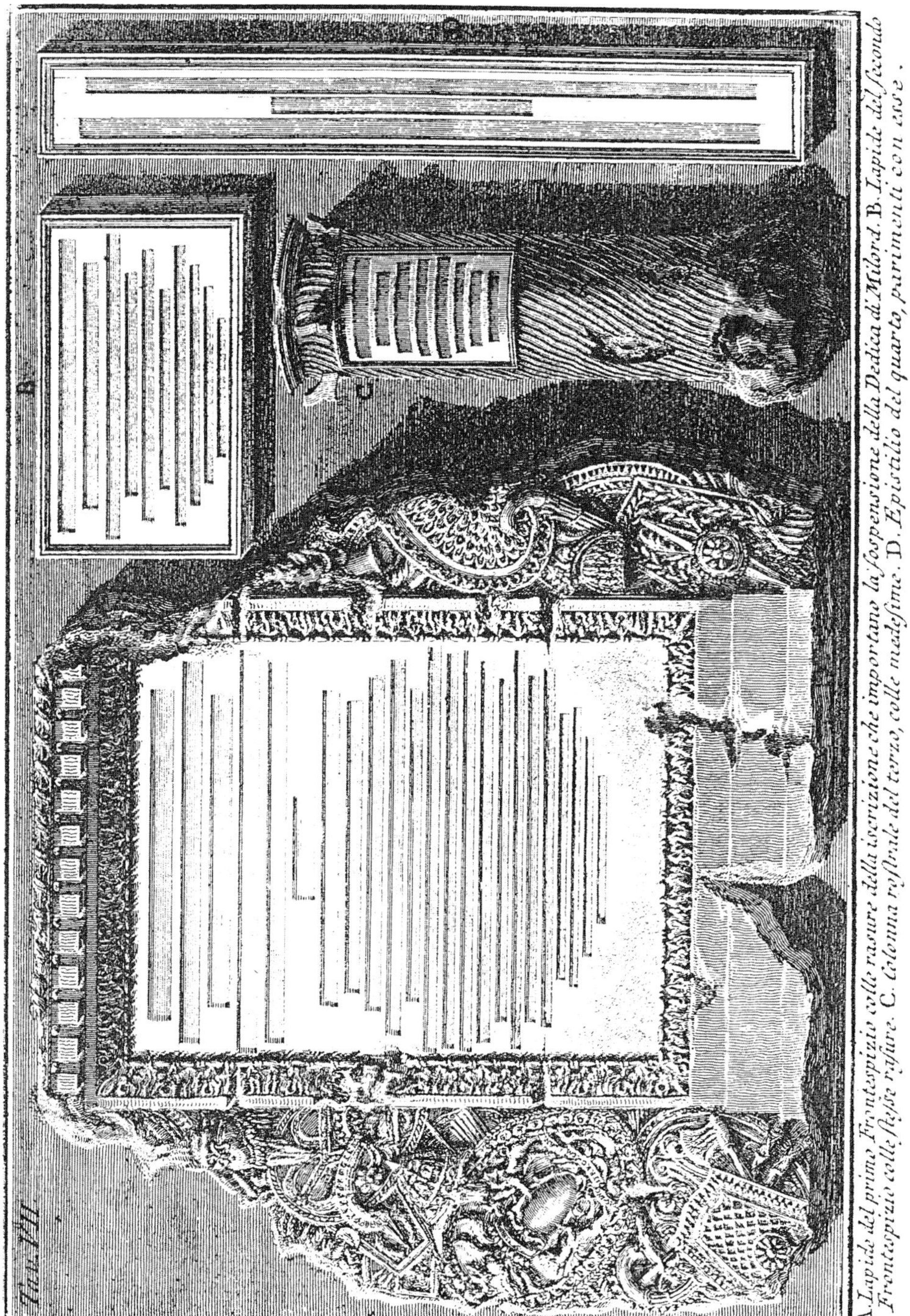

Fig. 62 G. B. Piranesi, Tavola VII che mostra le rasure dal rame delle dediche originarie, da: *Lettere di Giustificazione*

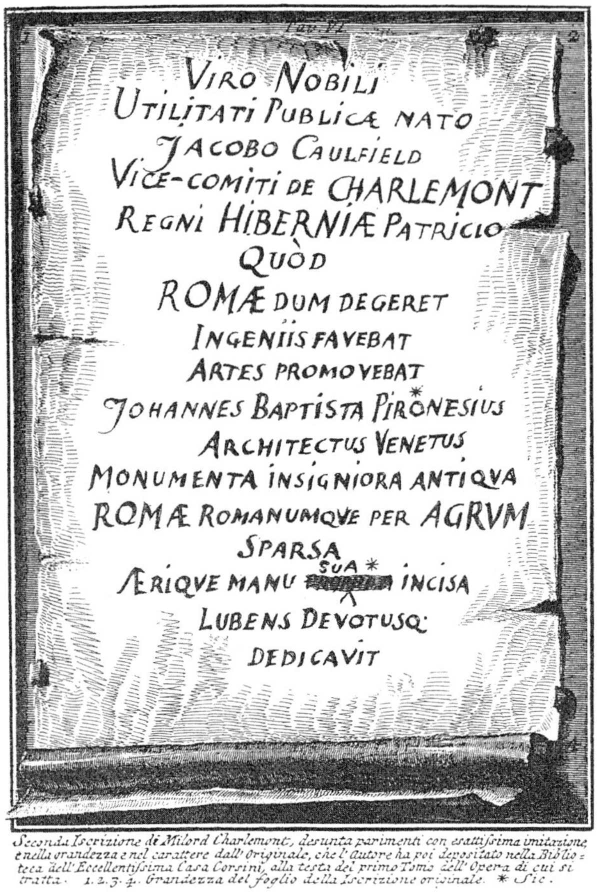

Fig. 63 G. B. Piranesi, tavola VI, riproduzione del testo dell'iscrizione dedicatoria presentato da Lord Charlemont a Piranesi, da: *Lettere di Giustificazione*

tificazione, senz'altro si erano macchiati di una 'crescente audacia' agli occhi di Piranesi. Le tre scritte non sarebbero quindi indipendenti, ma aggirandosi tutte intorno ad una unica questione, avrebbero significati complementari.

Possiamo dire che il tema della memoria sia uno dei motivi conduttori in questa tavola XVI. Piranesi si fa custode della memoria, cattiva come buona, infamante come onorevole. Ed è nelle sepolture che soprattutto questa è custodita. In tal modo, ancora una volta, Piranesi rivive l'esempio degli antichi romani. Nel secondo volume delle *Antichità Romane* si trova una stampa intitolata: *Veduta interna di una delle tre Sale sepolcrali credute della Famiglia di Augusto*; la didascalia dice:

> sull'idea, che quegli antichi avevano di perpetuare le loro Fabbriche, e particolarmente quelle de' Sepolcri, a bello studio fatte per custodire in perpetuo le ceneri ivi riposte. Con che essi credevano non solamente di tramandare a' posteri per tutte

Fig. 64 G. B. Piranesi, *Le Antichità Romane*, Terzo Frontespizio

Fig. 65 G. B. Piranesi, Dettaglio con l'epigrafe dedicata a J. Parker, dalla tavola II, 'Secondo Frontespizio' delle *Lettere di Giustificazione*

l'etadi avvenire la memoria de' loro defonti, ma ancora di mantenere all'Ombre di quelli ne' Campi Elisii un più sicuro riposo.

Se nell'ultima tavola della seconda edizione delle *Carceri* la memoria perpetua degli uomini lì ricordati, è una infamante, vedremo come invece nella prima tavola dopo il frontespizio [fig. 5], con cui si potrebbe dire inizia una nuova storia, quasi a raffronto, siano citati invece uomini degni di una memoria onorevole.

Fig. 66 G. B. Piranesi, Camera sepolcrale, da: *Prima Parte*, 1743

CAPITOLO VII

Le iscrizioni latine: La tavola II delle *Carceri*

Se le *Carceri* nella prima edizione non contengono elementi narrativi, nell'ultima invece questi appaiono evidenti. Infatti i cambiamenti apportati alla tavola XVI [fig. 32] ed il contenuto della nuova tavola II [fig. 5], mostrano l'esistenza di riferimenti a precisi episodi storici. Inoltre esiste anche un legame tematico tra le due stampe che va ben oltre quello carcerario. Tanto che, considerando come una sia posta all'inizio e l'altra alla fine della serie, si è indotti a pensare che esse vogliano racchiudere tutte le rimanenti incisioni in un nuovo contesto.

Al centro, appena oltre il margine della tavola II si legge: 'Presso l'Autore a Strada Felice vicino alla Trinità de' Monti. Fogli Sedici, al prezzo di paoli venti'. Sappiamo che Piranesi si era trasferito da Via del Corso in Via Sistina, l'allora Strada Felice, nella primavera del 1761. Sappiamo anche che precedentemente a questa data egli aveva già aggiunto un'altra tavola alle quattordici della prima edizione e ne dava in vendita la serie costituita così da quindici fogli. Questo si deduce dal catalogo a stampa, come per esempio quello già menzionato [fig. 40], donato da Piranesi agli Accademici di San Luca in occasione della sua nomina a membro della stessa Accademia all'inizio del 1761 (Erouart e Mosser, p. 229, nota 45). Anche se l'opera costituita da quindici incisioni è esistita per un breve periodo e da questa si potrebbe immediatamente vedere quale fosse la quindicesima tavola, non ne conosco alcun esemplare. Dal momento però che soltanto la tavola II indica, incisa sul rame, la somma totale delle sedici stampe, se ne deduce che questa sia anche quella prodotta per ultima. In tal caso la tavola V [fig. 10], anch'essa aggiunta nell'edizione finale, sarebbe la quindicesima, quella cioè immediatamente seguente le quattordici della edizione originaria.

La serie formata da quindici fogli è stata ritenuta dunque da Piranesi ad un dato momento, sia pur breve, una serie completa. Questo è indicativo del fatto che siamo di fronte ad un lavoro che dal punto di vista ideologico si andava ancora formando e stava assumendo nuovi aspetti proprio in quegli anni tra il 1760 ed il 1761. È in questo ultimo anno che Piranesi decide di aggiungere l'ultima tavola, cioè la II, che come vedremo, è estremamente ricca di significati, sia presa isolatamente, sia presa, come è importante qui sottolineare, nel contesto dell'intera opera. Le *Carceri* quindi, anche nel loro ultimo stato, non si ispirano neppure dall'inizio della loro rielaborazione, a un piano globale ben fissato, ma questo si andava definendo proprio in quel periodo, per poi arrivare, con l'inserimento della tavola II, a quel grado di completezza che non avrebbe più richiesto altre aggiunte o drastiche alterazioni.

Inoltre le prime sette delle quattordici tavole originarie erano state incise in senso verticale, mentre le ultime sette in quello orizzontale. Così con l'aggiunta delle due tavole, cioè la V e la II, entrambe orientate nella stessa direzione verticale, Piranesi stranamente non mantiene la primitiva simmetria. Questa è una riprova della mancanza di un piano globale. Infatti Piranesi decidendo infine di aggiungere la tavola II, alla quale ora affida il compito di iniziare una storia, deve necessariamente eseguirla su un rame di formato verticale per inserirla tra le altre tavole verticali che costituiscono la prima parte dell'opera. Inoltre in questo modo egli trascura, se si pensa alle stampe disposte sulle pareti, il lato visivo, come se ora volesse dare più importanza alla parte narrativa. Infatti, se non teniamo conto del foglio con il titolo, vediamo che Piranesi ha avuto cura di iniziare e di finire la serie con delle tavole contenenti epigrafi, elementi quindi di tipo eminentemente narrativo, che si riferiscono al mondo latino e alla sua storia.

Molti sono i temi in comune tra le tavole II e la XVI; il più importante ritengo che sia quello a cui ho già accennato, della memoria, perpetuata nella tavola II, come nella XVI attraverso epigrafi di carattere funerario. Altri temi in comune sono quelli della legge, della libertà e del patronato delle arti. Entrambe le tavole presentano inoltre un simile tono polemico in cui implicitamente sono messi a confronto il mondo antico e quello contemporaneo a Piranesi.

Nella tavola II si nota il nuovo stile adottato dall'artista, non più quel tratto libero e gli impossibili giochi prospettici, qui il segno diventa molto preciso e la prospettiva sembra 'addomesticata'. Inoltre a differenza delle tavole del primo stato essa sembra usata non tanto per il piacere di suggerire l'intrico degli spazi quanto per fini dimostrativi. L'architettura riecheggia prevalentemente quella romana, vediamo però sullo sfondo edifici di epoche più recenti. Come nella tavola XVI, anche qui si vuole alludere ad epoche diverse, cioè quella romana antica e quella di Piranesi. Questo viene ribadito dal fatto che i piccoli personaggi gesticolanti al centro sulla sinistra, come è stato già osservato, indossino abiti settecenteschi (Robison, p. 66). Il grande arco che li sovrasta, agisce come elemento divisorio tra questi personaggi e gli elementi del mondo antico in cui è situata la scena di tortura che si svolge in primo piano ed alla quale è data molta enfasi. La lastra di pietra che mostra le teste in rilievo di grandi dimensioni, è il punto d'incontro e di confronto tra le due epoche, quella recente alla quale appartengono i piccoli personaggi e quella di un passato lontano che, anche se, come vedremo, si riferisce ad un periodo corrotto e tragico della storia romana, pure è riuscita a produrre degli uomini illustri, degni di essere ricordati.

Tra frammenti di antichi marmi si vedono figure umane rappresentate come viventi mentre altre immagini appaiono come citazioni museali scolpite sulla pietra. Tra le varie citazioni si possono annoverare i nomi che si leggono in alto sull'arco e quelli che si intravedono sul pilastro a sinistra. Questi ci aiutano ad inserire la scena in un preciso momento storico. Infatti i nomi in alto, ben visibili sotto quelli che appaiono come ritratti di defunti, si riferiscono a uomini vissuti al tempo di Nerone (Gavuzzo-Stewart, pp. 66-72). Con una coincidenza che non può ritenersi casuale, anche i nomi sul pilastro, parzialmente nascosti dalle barre dello strumento di tortura, indicano personaggi vissuti nella stessa epoca. Questi, come gli altri citati in alto, accomunati da un uguale destino, furono costretti a darsi la morte per volontà del crudele imperatore.

GRATUS è il primo dei nomi inciso in alto a sinistra. Munatius Gratus è citato dallo storico Tacito nel numero dei cavalieri romani che tra i primi aderirono alla congiura del 65 d.C. contro Nerone, la fallita congiura che prende il nome da C. Calpurnio Pisone. A qualche distanza dal primo nome ne appaiono altri tre significativamente raggruppati insieme e sovrastati dal ritratto secondo l'usanza che i romani adottavano nei sepolcreti onorati: P. ANICIUS CER è il Cerialis Anicius, console designato proprio l'anno della congiura. Gli altri due nomi si riferiscono a personaggi più noti: C. PETRONIUS M. e nel centro L. ANNAEUS MEL.

Annaeus Mela deve la sua fama soprattutto al fatto di essere stato il padre del poeta Lucano ed il fratello del filosofo Seneca. Entrambi Lucano e Seneca, coinvolti anch'essi nella congiura pisoniana, furono tra le vittime di Nerone. Seneca dapprima potente nel suo ruolo di precettore del giovane Nerone, aveva goduto della sua protezione e della sua prodigalità per essere in seguito da lui perseguitato. Simile sorte era toccata al nipote Lucano, che in un primo tempo era stato accolto come amico e trattato generosamente. Presto però Nerone, infido protettore, era passato da un'ammirazione entusiastica all'odio più profondo e per rivalità di poeta aveva proibito a Lucano di declamare i suoi versi in pubblico. Annaeus Mela apparteneva così ad una famiglia prima protetta e poi fortemente invisa all'imperatore e la disgrazia che già aveva colpito suo figlio Lucano all'età di ventisei anni ed il suo maturo fratello Seneca, non tardò ad abbattersi anche su di lui.

Anche Annaeus Mela era stato protetto e poi perseguitato, come l'ultimo personaggio qui rappresentato, identificabile con il Petronius di cui parla Tacito negli *Annali*, che molti studiosi ritengono sia l'autore del *Satyricon* e che Tacito descrive come '*elegantiae arbiter*' arbitro di eleganza (XVI, 18). Ammesso tra i pochi intimi di Nerone, per le sue indiscusse raffinatezze, dominava il gusto dell'imperatore. La descrizione di Tacito della morte di Petronio è una dimostrazione del suo ultimo atto di squisita eleganza mai trascurata neppure nell'affrontare una morte imposta. Petronio l'accoglie con disinvoltura e prova ne sono tra l'altro il modo in cui si fa aprire e chiudere le vene mentre si intrattiene con gli amici in gradevoli conversazioni. Mostra poi grande coraggio e prudenza quando denuncia nel suo testamento le turpitudini di Nerone, avendo poi cura, dopo aver posto il sigillo e inviato il testamento all'imperatore, di spezzare il suo sigillo perchè non fosse usato più tardi contro altri.

Esiste una corrispondenza tra il modo in cui Piranesi cita i nomi latini visibili sull'arco e quello in cui essi appaiono menzionati negli *Annali*: Gratus si trova nel libro XV, 50, precedente quindi e ad una certa distanza dagli altri tre che Tacito nomina uno accanto all'altro in una stessa frase del libro XVI, 17: *Paucos quippe intra dies eodem agmine Annaeus Mela, Cerialis Anicius, Rufrius Crispinus, C. Petronius cecidere [...].*

A parte Rufrius Crispinus, primo marito di Poppea, che Piranesi omette, gli altri tre, che caddero tutti in una volta, come dice lo storico, sono raggruppati insieme dall'artista come per dare un'interpretazione visiva alle parole di Tacito. Negli *Annali* il racconto della fine di questi personaggi appartenenti a famiglie ragguardevoli è introdotto con la premessa sull'opportunità che a discendenti di uomini illustri, attraverso il racconto dei loro ultimi momenti, sia conferito un ricordo particolare, una '*propriam memoriam*', così come tali uomini nelle esequie non sono confusi in una sepoltura promiscua: '*Detur hoc inlustrium virorum posteritati, ut quo modo exequiis a promiscua sepultura separantur, ita in traditione supremorum accipiant habeantque propriam memoriam*' (XVI, 16).

Non c'è dubbio che Tacito stia qui 'dettando' a Piranesi e che egli si serva dell'autorità dello storico per ribadire delle idee che gli stavano molto a cuore, conservare cioè la memoria di coloro che ne sono degni, specie in quanto vittime di circostanze politiche degenerate e della corruzione delle buone leggi antiche. Anche Piranesi nella tavola II conferisce ai personaggi citati una memoria onorevole 'costruendo' per loro, corredata di iscrizioni e busti, una sepoltura illustre, non promiscua. I busti con sotto i nomi con il loro carattere sepolcrale rimandano, come già accennato, alla tavola XVI ed invitano ad un paragone con la lapide funeraria lì rappresentata con i ritratti dei due personaggi [fig. 32]. Il paragone mette in luce che, a differenza di questi ultimi, gli altri citati nella tavola II sono uomini degni di memoria. Nella lapide della tavola XVI era bene ricordare le malefatte di chi perseguita le arti, ma era giusto dimenticarne i nomi come in una *damnatio memoriae.* Nella tavola II invece è giusto ricordare i nomi di quei cittadini la cui morte è una testimonianza delle atrocità compiute da Nerone, principe tiranno e filelleno.

Ci si potrebbe chiedere perchè Piranesi non abbia citato direttamente i nomi di Seneca o di Lucano o di altri personaggi che ben si sarebbero potuti inserire in un discorso sulle leggi o sulle arti. Mi sembra che la risposta ci sia data proprio dalla fedeltà con cui egli si attiene al testo tacitiano. Infatti scegliendo di citare quei nomi in un gruppo, Piranesi segue l'esempio dello storico e ribadisce che l'aspetto più rilevante su cui insistere è proprio la memoria dovuta a vittime di un imperatore che tra l'altro, ed è caso rarissimo, ancora vivente era stato soggetto alla *damnatio memoriae.* Come per Tacito anche per Piranesi è importante mettere a confronto la *propriam memoriam,* che l'incisore celebra nella tavola II, con una sepoltura promiscua. Infatti il riferimento di Tacito alla *promiscua sepoltura,* la sepoltura indistinta riservata agli strati umili della popolazione, ci ricorda le *Lettere di Giustificazione* e l'insulto dell'interramento infame dato da Piranesi ai suoi nemici sull'Esquilino ed il passaggio poi da quella sepoltura a quella interamente anonima riservata, con pena ancora più severa, ai nemici persecutori delle arti nella ultima tavola delle *Carceri.*

Scegliendo il periodo neroniano come argomento della tavola II, Piranesi si riferisce ad uno degli esempi più evidenti di oppressione in tutti i campi anche quelli più amati dall'imperatore, quelli cioè delle arti. L'atteggiamento di Nerone verso il poeta Lucano, ne è prova esemplare. Tutto questo doveva essere fortemente inviso a Piranesi così fieramente intollerante, come abbiamo visto, verso chi pretendeva di patrocinare le arti in modo tirannico. È noto come Nerone fosse affascinato dalla divinizzazione conferita ai despoti nelle civiltà ellenistico orientali e nel crudele e tiranno imperatore, Piranesi condanna le conseguenze dell'abbandono delle severe usanze romane a causa dell'influsso ellenistico.

Ho accennato all'esistenza nella tavola II ad un riferimento ad epoche diverse, quella di Piranesi e quella neroniana. I piccoli personaggi in abiti settecenteschi si trovano sul ciglio di una sorta di abisso da cui possono osservare scene e frammenti appartenenti a tempi antichi dalla cui contemplazione possono trarre insegnamento. È come se l'incisore volesse esortare i suoi contemporanei a non dimenticare che i personaggi lì menzionati sono per sempre da compiangere, vittime di un falso protettore delle arti, vittime di qualcuno cui il potere aveva fatto assaporare fino in fondo i vizi di una civiltà ellenistica corrotta.

In forma piuttosto paradossale si può dire che esista un parallelo tra Nerone e Lord Charlemont in quanto entrambi amanti delle cose orientali, entrambi infidi protettori delle arti, entrambi meritevoli agli occhi di Piranesi della *damnatio memoriae.* L'insegnamento del passato dovrebbe quindi dissuaderci dal porre fiducia in simili personaggi, mecenati capricciosi, capaci di usare il loro potere per distruggere piuttosto che per incoraggiare le arti. L'odio che Piranesi mostra nei confronti di Lord Charlemont nei suoi scritti giustifica questa associazione tra l'incauto Lord ed il feroce imperatore romano.

Ma tornando a considerare da vicino la tavola II, i contemporanei di Piranesi non sono chiamati a ricordare soltanto Munatius Gratus, Anicius Cerialis, Annaeus Mela e Petronius con tutto quello che questi nomi evocano; essi sono anche chiamati a testimoniare l'esistenza della vera virtù romana e come Nerone, sempre secondo le parole di Tacito, dopo aver ucciso tanti illustri uomini, quelli cioè sopra menzionati, alla fine bramasse distruggere la virtù stessa traendo a morte Thrasea Paetus e Barea Soranus, i cittadini cioè i cui nomi appaiono incisi da Piranesi sul pilastro a sinistra. Attraverso la loro citazione è introdotto in questa tavola un altro tema di rilievo, quello della virtù dei romani rimasti fedeli alle antiche costumanze, tema che per contrasto ci ricorda l'"empietà' dei personaggi a cui allude l'epitaffio nella tavola XVI. *Trucidatis tot insignibus viris, ad postremum Nero virtutem ipsam excindere concupivit interfecto Thrasea Paeto et Barea Sorano [...]* (XVI, 21).

Piranesi seguendo il suo gusto per le cose antiche e frammentarie scrive i nomi in modo parziale: L. BARE [...] [...] ORAN [...]/ M. TRAS [...] PAE [...]. Ancora una volta troviamo nella tavola II una fedele trasposizione del testo degli *Annali* per quello che riguarda l'accostamento dei due nomi latini. I personaggi menzionati dallo storico erano noti per il loro rigore morale. Il patavino Thrasea, che seguiva la dottrina stoica, era stato in particolare coraggiosamente avverso in senato ai soprusi dell'imperatore ed aveva ispirato e guidato l'esiguo gruppo di opposizione. Barea Soranus e Thrasea Paetus caddero vittime negli strascichi che seguirono la repressione della congiura pisoniana, accusati di lesa maestà furono costretti a uccidersi.

Il seguente nome iscritto sul pilastro di cui si intravede la lettera T seguita da ISTIUS deve riferirsi ad un personaggio di nome Antistius. La sua identificazione non è però così chiara. Infatti sempre nel libro XVI degli *Annali* troviamo due cittadini romani di questo nome; per questo motivo ritengo probabile che sia ad uno di questi che si riferisca Piranesi e non a qualche altro personaggio omonimo che appare in libri diversi degli *Annali.* Il primo personaggio di nome Antistius che incontriamo nel libro XVI è Lucius Antistius Vetus. Il suo tragico e dignitoso suicidio insieme alla figlia ed alla suocera ci è narrato dallo storico qualche capitolo prima del racconto della morte di Barea e di Thrasea. Tacito in realtà si riferisce a L. Antistius Vetus chiamandolo Vetus e non Antistius. Questi, sua figlia e la suocera furono costretti alla morte perchè con il solo fatto di vivere rimproveravano a Nerone l'assassinio di Rubellio Plauto, genero di Lucio Vetere. *L. Vetus socrusque eius Sextia et Pollitta filia necem subiere, invisi principi, tamquam vivendo exprobrarent interfectum Rubellium Plautum, generum L. Veteris* (XVI, 10).

Rubellio Plauto era stato fatto uccidere da Nerone che lo temeva come pericoloso rivale nella successione al principato. Rubellio Plauto era infatti di nobile stirpe, nipote in terzo grado, come Nerone, dell'imperatore Augusto e dotato di qualità tali da costituire una possibile alternativa a Nerone nel governo dell'impero.

Il secondo Antistius, Antistius Sosianus, è nominato da Tacito nel medesimo paragrafo in cui egli identifica Barea e Thrasea con la 'virtù' stessa. Antistius Sosianus, a differenza di Antistius Vetus, era in realtà un personaggio molto ambiguo e forse l'unico aspetto narrato da Tacito, che in qualche modo ce lo può rendere 'simpatico' è il fatto che fosse stato accusato di lesa maestà per aver declamato in pubblico, durante un fastoso banchetto, dei versi oltraggiosi contro Nerone. In senato Thrasea aveva ottenuto per lui, che era minacciato della pena capitale, una condanna più mite: l'esilio e la confisca dei beni. La sentenza non era stata gradita a Nerone che avrebbe voluto per Antistio una condanna a morte.

Ora mentre L. Antistius Vetus, come ho già detto, è nominato da Tacito come L. Vetus, Antistius Sosianus è chiamato direttamente Antistius e viene citato da Tacito in stretta connessione con Thrasea per dimostrare uno degli episodi in cui Thrasea aveva coraggiosamente contrastato i desideri di Nerone attirando su di sè l'odio dell'imperatore (XVI, 21).

Se è Antistius Sosianus che Piranesi aveva in mente allora possiamo considerare che mentre i primi due personaggi iscritti sul pilastro sono accomunati dalla loro 'virtù', il terzo non lo è, essendo sicuramente un uomo poco virtuoso. Quello che invece accomuna tutti e tre i personaggi è l'accusa di lesa maestà. Antistius era incorso in questa accusa per la sua audacia nel rendere pubblici dei versi infamanti contro Nerone. Se qui il riferimento fosse ad Antistius Sosianus, come mi sembra probabile, esisterebbe inoltre tra questi e Piranesi un certo legame essendosi anch'egli, pure se in forma che a noi appare molto meno tragica, trovato sotto accusa per il suo libello infamante contro Lord Charlemont ed i suoi agenti.

Se ora torniamo a considerare la tavola II per quello che vuole apparire, cioè la rappresentazione di una prigione, sorgono diverse domande riguardo sia al suo aspetto sia al possibile significato del carcere in connessione con i temi contenuti nella tavola, come per esempio quello della memoria e quello della virtù ai quali sono strettamente legati gli altri già detti della libertà, delle leggi e del patronato delle arti. In effetti, forse ancor meno delle altre tavole, la seconda somiglia ad una prigione. È vero che non mancano strumenti di tortura ed il caratteristico oculo con grata ed in particolare la rappresentazione in primo piano della scena in cui si infliggono pene corporali alla vittima. D'altra parte l'architettura adottata in questa tavola lascia ampie aperture che offrono vedute su variati spazi di una imponente città. Forse non si è troppo lontani dal vero se si pensa che la città alluda ad una ricostruzione ideale di Roma. La torre di stile medioevale coronata da una merlatura guelfa ricorda, nella parte inferiore, la famosa torre delle Milizie sul Quirinale. La torre eretta all'inizio del secolo XIII da Gregorio IX su un nucleo antico romano ha subito attraverso i secoli crolli della parte terminale; quella che vediamo nella tavola II potrebbe esserne quindi un ipotetico restauro. La torre delle Milizie è legata a varie leggende tra cui la più nota narra che Nerone avrebbe da lì assistito all'incendio di Roma cantando versi sulla rovina di Troia in fiamme.

Perchè quindi questo carcere così aperto? Perchè questa enfasi sulla città? L'associazione con il carcere sembra più spiegabile per via letteraria che architettonica. Infatti ancora una volta gli *Annali* sembrano aver agito come fonte d'ispirazione. Tacito narra come alla scoperta della congiura e della sua vastità, in Nerone crescesse di giorno in giorno la paura e come nel tentativo di salvaguardarsi egli avesse fatto mettere soldati sulle mura della città e lungo la costa del mare e avesse fatto bloccare l'accesso al fiume tanto che si può dire che 'chiuse Roma come in un carcere' *quin et urbem, per manipulos occupatis moenibus, insesso etiam mari et amne, velut in custodiam dedit* (XV, 58).

Riprendendo l'elemento narrativo contenuto nella serie delle *Carceri*, con la tavola II siamo subito messi di fronte ad un inizio tragico nella rievocazione della storia romana: la repressione neroniana, la corruzione dei costumi e delle leggi. Malgrado questo d'altra parte la civiltà romana è ancora capace di produrre uomini di cui giova ricordare i nomi illustri come è bene ricordare le virtù di quelli che hanno offerto esempi di indipendenza e di coraggio nella lotta contro il tiranno.

L'ultima tavola, la XVI, riprende i vari temi e li conclude. L'antica *provocatio* di cui Piranesi offre l'esempio risalente, secondo la sua opinione, all'epoca regia e di cui si era avvalso l'Orazio, soppressa, come fu, sotto un imperatore sanguinario e filelleno, che non concede al cittadino romano il diritto di appellarsi direttamente al popolo, è invece provata nella sua validità ancora all'epoca di Piranesi che, come abbiamo visto, la rievoca nella tavola XVI.

CAPITOLO VIII
La tavola V delle *Carceri*

Sappiamo che la tavola V [fig. 10], come la II [fig. 5], è stata aggiunta nella ultima edizione della serie e per questo merita una particolare attenzione. Secondo la mia ricostruzione questa tavola, come già detto, è stata concepita dopo il drastico rifacimento della XVI [fig. 32] e per questo motivo anche qui ci si può aspettare che Piranesi continui con un analogo tono polemico: punto che cercherò di chiarire tra poco. Ora intanto, visto che la tavola V non contiene alcuna scritta che ci possa aiutare a chiarire i suoi significati, per la sua interpretazione dobbiamo basarci unicamente sui messaggi suggeriti dalle immagini. A questo proposito, per le loro affinità stilistiche, è utile paragonare la tavola V con la tavola II tenendo anche presente che sono state eseguite a breve distanza di tempo l'una dall'altra ed entrambe concepite per l'edizione finale e quindi entrambe ritenute essenziali al completamento dell'opera.

Tra le due tavole aggiunte esistono evidenti analogie prospettiche e compositive. Nella tavola V il primo piano non è però così ravvicinato come nella II e lo spettatore è chiamato a considerare la scena da una maggiore distanza. Se è vera l'ipotesi che la tavola V sia la prima ad essere stata eseguita delle due aggiunte, si potrebbe allora dire che si va da una visione più lontana ad una più ravvicinata, da un discorso più generale ad uno più specifico.

Per esempio, addentrandoci nei dettagli, troviamo nella tavola V il personaggio gesticolante vicino alla lanterna, la cui funzione principale sembra quella di raccordo tra i vari elementi alla sua destra ed alla sua sinistra, che egli con i suoi gesti richiama all'attenzione. Si trova accanto ad una lanterna come anche il personaggio nella tavola II che porta un copricapo a punta. Si tratta della atletica figura in primo piano che sembra partecipare alla tortura del prigioniero minacciandolo con una sorta di stilo (è questa la tortura che si può infliggere ad un nemico attraverso gli strumenti dell'arte grafica?). Ravviso una certa somiglianza tra il personaggio della tavola V e quello della tavola II nell'atteggiamento del corpo. Anche se non sono in grado di dare una risposta su quello che questi due individui possono rappresentare, tuttavia ritengo che il personaggio della tavola V, raffigurato in secondo piano, piccolo e con un ruolo di limitata importanza, sia stato poi ripreso e articolato in un ruolo più cospicuo nella tavola II. Il fatto che sia un personaggio ricorrente e che assuma tanta importanza nella seconda tavola, fa pensare che abbia anche un significato allegorico di rilievo.

Altre analogie tra le due tavole sono da riscontrarsi nel carattere architettonico decisamente romanizzante, ancora più esplicito che non nelle quattordici tavole originarie pure dopo la loro rielaborazione. Nella tavola V, come nella II, Piranesi evoca il mondo romano anche nei rilievi che finge di pietra. Il loro carattere di vere citazioni da opere romane è stato messo in luce dagli studiosi. (Calvesi, *Riscontro*, p. 25) Nella tavola V il prigioniero a sinistra, che per uno strano gioco illusionistico sembra staccarsi dal supporto come se fosse per metà pietra, per metà uomo in carne ed ossa, deriva da un rilievo della colonna traiana. I leoni poi, che hanno un ruolo così prominente nella scena, sono ispirati da un antico altorilievo ora a Palazzo Barberini, ma proveniente in origine dalla Villa dell'imperatore Adriano a Tivoli. La Villa Adriana era spesso visitata da Piranesi ed una sua firma con accanto la data, 1741, lasciata sul soffitto di uno dei criptoportici, testimonia l'interesse dell'incisore appena ventunenne per gli studi archeologici di un luogo da dove sappiamo che egli stesso ha tratto molti reperti.

È in particolare su questi due rilievi di chiara ispirazione antica che desidero soffermare l'attenzione, dopo tutto le stesse loro dimensioni nel contesto della scena invitano a farlo. E bisogna dire che in entrambi i casi, sia per quello che riguarda il leone, che tra l'altro Piranesi parzialmente duplica, sia per quello che riguarda il prigioniero dei romani, l'effetto delle proporzioni rispetto agli originali è ingigantito.

Tra i simbolismi più comuni in tutti i tempi associati ai leoni troviamo quelli del coraggio e della forza indomabile. In particolare per sapere quali significati lo stesso Piranesi attribuisse a questi animali, conviene riandare alla sua opera delle *Antichità Romane.* Qui nel terzo volume, nella descrizione che egli fa di una '*Grand'Urna di Porfido co' suo Coperchio*', con un rilievo in cui appaiono leoni accosciati, Piranesi ne spiega il significato dando due possibili interpretazioni: 'I due Leoni, uno per parte, i quali sembrano giacere abbattuti, possono significare la forza, ovvero l'alterigia umana depressa dalla Potenza Divina'.

Se quest'ultimo significato si potrebbe bene adattare ai due leoni egizi ai lati del luttuoso obelisco spezzato su cui è il titolo delle *Lettere di Giustificazione* come riferimento all'orgoglio umiliato di Lord Charlemont [fig. 55], nella tavola V invece i vigorosi leoni raffigurati eretti si possono interpretare come simboli di forza. Dal momento poi che questi raffigurano leoni di epoca romana e si trovano in un ambiente la cui architettura evoca quella romana (più in particolare li si direbbe confinati tra le mura interrate di un anfiteatro), proporrei di interpretarli come il simbolo della forza dell'antica Roma.

Per quello che riguarda l'altro rilievo, bisogna tenere presente che offrendo la colonna traiana il resoconto visivo delle guerre dell'imperatore Traiano contro i daci, e trattandosi qui di un prigioniero dei romani vestito nella foggia dei daci, egli non può che riferirsi a quello che i romani avrebbero chiamato un barbaro. Vediamo così un barbaro che sotto lo sguardo, si direbbe di superiorità beffarda dei soldati romani, avvia il passo svelto, come pericolosamente staccandosi dal suo supporto di pietra, verso il baratro in cui si trovano i leoni.

Un particolare fin qui trascurato tra i vari che si potrebbero citare ed uno degno di essere messo in rilievo, è che proprio sopra la testa del barbaro e come emergente dalla pietra, confuso tra le linee che marcano le ombre, si scorge il profilo di una testa [fig. 67]. La sua configurazione ne fa un'immagine totalmente diversa sia da quella dei soldati romani sia da

Fig. 67 G. B. Piranesi, *Carceri d'Invenzione*, particolare della matrice della tavola V; vi si scorge il profilo di un volto girato verso sinistra (in immagine speculare rispetto alla stampa). Roma, Istituto Nazionale per la grafica

quella del prigioniero dacico; si direbbe piuttosto il profilo di un contemporaneo di Piranesi. Il suo carattere segreto sembra indicare che l'artista l'abbia voluto nascondere perchè non fosse troppo evidente e riconoscibile. Non so se alla sua epoca qualcuno l'abbia identificato, ma tra i moderni non mi risulta che sia stato neppure notato. Il motivo di questa segretezza credo che sia da rintracciare ancora una volta nel tipo di polemica viscerale che Piranesi ha introdotto nell'ultima edizione delle *Carceri*, in cui trovano sfogo nascosto i rancori contro i suoi nemici. Il fatto che il profilo della testa emerga direttamente sopra la testa del barbaro legittima la supposizione che esista una stretta associazione tra i due, come se anche il personaggio in profilo venisse considerato un barbaro. Bisogna anche dire che nel profilo si individuano tratti facciali, come il caratteristico lungo mento, che sembrano riferirsi a un preciso individuo.

Esiste un ritratto a Praga eseguito dal pittore neoclassico A. Raffaello Mengs che rappresenta un personaggio con simili caratteristiche del viso, specie nella forma del mento e che potrebbe essere lo stesso raffigurato da Piranesi nel profilo 'segreto'. In uno studio di alcuni anni fa, nel quale si dà una riproduzione del quadro di Mengs, è stato proposto di identificare l'effigiato con Lord Charlemont.[1] Se l'identificazione fosse corretta, l'allusione alla barbarie straniera soggiogata dalla forza dei romani, rappresentata dai soldati e simboleggiata nei leoni, acquisterebbe un riferimento più preciso. Infatti se il personaggio nel quadro di Mengs ed il profilo segreto rappresentassero entrambi Lord Charlemont allora esisterebbe una chiara relazione tra il barbaro e Lord Charlemont.

Vorrei far notare inoltre che, ritornando a guardare il gruppo a sinistra nella tavola V [fig. 68], possiamo scorgere un altro profilo e questo tracciato in modo ancora meno evidente dell'altro già descritto. Analogamente a quello, ma situato a un livello leggermente inferiore, la testa sporge in avanti da un muro e rivela dei caratteristici tratti fisionomici che di nuovo fanno pensare a un ritratto. Ancora una volta questo profilo sembra essere in rapporto con la figura di un barbaro che gli si trova davanti e più in basso, simile per i suoi caratteri generici al barbaro che appare in primo piano in relazione con il profilo precedentemente menzionato. Insomma si può notare che, come nella tavola XVI [fig. 54], anche nella tavola V appaiono due volti, quelli che ho chiamato i profili segreti, che presentano peculiarità proprie dei ritratti. I volti nella tavola XVI sono come scavati nella stele, i profili nella tavola V sono come aggettanti dalla pietra. Ci si può domandare se esista un riferimento tra questi personaggi nelle due tavole. La cosa non è affatto da escludersi, in realtà, malgrado il diverso punto di vista dei ritratti, vedo tra questi una certa somiglianza; in particolare mi sembra che il profilo a sinistra in alto nella tavola V, corrisponda al volto a destra sulla stele nella tavola XVI, mentre il profilo più in basso della tavola V possa trovare analogie con l'altro volto della stele nella tavola XVI.

In ogni modo, anche se le identità dei profili segreti per il momento non può essere stabilita con certezza, possiamo dire però che l'apparente associazione esistente tra questi e le figure dei barbari, induce a ritenere che i personaggi disegnati nei profili abbiano avuto un qualche ruolo nel rappresentare o addirittura nel difendere le civiltà 'barbare' e forse a scapi-

[1] Si veda S. Röttgen, 'Un ritratto allegorico di Lord Charlemont dipinto da Mengs, e alcune annotazioni sul rapporto tra Piranesi e l'ambiente neoclassico romano', in *Piranesi e la cultura antiquaria* (Roma, Multigrafica Editrice, 1985, prima edizione 1983), pp. 149-70.

Fig. 68 G. B. Piranesi, *Carceri d'Invenzione*, particolare della matrice della tavola V che mostra due volti girati verso sinistra (in immagine speculare rispetto alla stampa). Roma, Istituto Nazionale per la grafica

to di quella romana. A questo proposito è opportuno tenere presente come a quest'epoca il dibattito sulla supremazia dei greci o dei romani si stava ampliando includendo nella competizione anche i goti, di cui i britannici si facevano fautori. I goti, come è noto, erano tradizionalmente considerati barbari dalle popolazioni italiche e non meraviglia che il 'romano' Piranesi sentisse le lodi dei goti come un insulto alla civiltà romana e come offesa personale. Già nella *Prefazione agli studiosi delle antichità Romane* egli aveva chiaramente espresso la sua opinione sul tipo di apporto che i 'Barbari' avevano recato all'architettura: 'Se la semplice esteriore osservazione degli avanzi delle antiche magnificenze di Roma è bastata a riformare negli ultimi tempi l'idea del buon gusto dell'Architettura, depravato per l'innanzi dalle rozze e infelici maniere de' Barbari' (*Le Antichità Romane*).

Così Piranesi era pronto a dare una sua risposta alle teorie che rivendicavano l'importanza del contributo dei 'Barbari' alla civiltà. Questo egli farà in modo ampio e articolato nel *Della Magnificenza ed Architettura de' Romani*, mentre nella tavola V la sua risposta rimane ad un livello allusivo, che gli permetteva però di esprimere una buona dose di ferocia.

Dalla tavola V Piranesi passerà alla complessità della tavola II, dove il discorso, come abbiamo visto, si concentra sulle pagine tacitiane.

Conclusione

Nelle tavole II [fig. 5], V [fig. 10] e XVI [fig. 32] delle ultime *Carceri*, analizzate nei precedenti capitoli, abbiamo potuto individuare varie tematiche di cui non esisteva traccia nella prima edizione dell'opera. Mi sembra quindi giusto concludere affermando che tra le due edizioni è presente non solo una diversità stilistica, ma anche di temi. Così una analisi che parta e si limiti all'ultima versione delle *Carceri*, non può spiegare la genesi di quest'opera e di quali nuovi significati si sia venuta arricchendo soltanto in un secondo tempo.

Le prime *Carceri*, come sappiamo, erano nate come opera capricciosa. Se nel capriccio poteva essere presente il divertimento dell'invenzione con quel tanto di limitato che tutto ciò comportava, nelle ultime *Carceri* il discorso diventa vasto, serio e cupo. Come opera capricciosa le *Carceri* non aveva avuto molto successo di pubblico e non aveva pienamente soddisfatto lo stesso autore che, alcuni anni dopo, vi introduce, come abbiamo visto, una problematica più attuale.

Infatti contro chi allora metteva in dubbio il ruolo civilizzatore del mondo romano, opponendogli altre culture come quella greca o addirittura quella dei goti, Piranesi rivendica e ribadisce polemicamente aspetti fondamentali della storia romana. Egli rievoca il culto stesso dei romani per la storia, per la memoria, trasmesso visivamente soprattutto nei sepolcri, nelle iscrizioni e nei rilievi commemorativi. E Piranesi introduce appunto questi elementi soltanto nell'edizione finale delle *Carceri*.

Si può dire che, una volta completata la serie delle sedici tavole e messa la tavola II [fig. 5] al primo posto dopo il frontespizio [fig. 4], il tema della memoria pervade tutta l'opera iniziando dalla memoria dovuta ai cittadini meritevoli e finendo nell'ultima tavola con la *damnatio memoriae* per chi in modo sacrilego non protegge le arti. Abbiamo così anche visto quale importanza sia data nelle ultime *Carceri* da una parte al ruolo del mecenate e d'altra parte alla libertà e dignità dell'artista. Artista che nel caso di Piranesi, con le sue *Carceri*, può provare ancora la saggezza delle leggi romane usandole a sua discolpa, in particolare valendosi della *provocatio* che egli evoca nella tavola XVI [fig. 32], e che riteneva risalisse all'epoca regia. Leggi romane quindi la cui antica bontà rimane valida fino a quando negativi influssi stranieri vengono a corromperne la purezza, come deduciamo dallo studio della tavola II [fig. 5] e da un suo confronto con la tavola XVI [fig. 32].

Questi sono alcuni dei punti salienti emersi dall'analisi delle *Carceri* e abbiamo visto come tutti questi temi si intreccino in vari modi e come sia possibile ricondurli ad uno schema abbastanza preciso. Non bisogna però dimenticare che anche se i temi presenti nelle ultime *Carceri* fanno eco alle teorie dibattute dai pensatori dell'epoca, Piranesi nell'affrontare la nuova edizione di queste stampe, non adotta un piano sistematico globale. Come abbiamo visto non esiste un intento preciso di riprogrammazione totale dell'opera. Infatti, sia pur per un breve periodo, le *Carceri* sono costituite come serie completa da quindici delle sedici tavole della versione definitiva.

Per quanto riguarda lo stile, se nelle prime *Carceri* si possono rintracciare elementi derivati da vere carceri, tuttavia la fonte ispiratrice predominante rimane quella scenografica. Anche se già dal primo stato Piranesi aveva creato un'opera estremamente originale in cui aveva dato forma a spazi mai prima concepiti o realizzati in disegni, pitture o scenografie. Si direbbe però che nelle *Invenzioni Capric di Carceri* esista anche uno spazio lasciato a potenziali attori. Infatti i personaggi appena abbozzati appaiono piccoli e poco invadenti, quasi come larve trasparenti che lasciano intravedere attraverso il loro corpo i segni precedentemente incisi; essi sembrano pronti a lasciare la scena ad attori in carne ed ossa. Soltanto la tavola X [fig. 19] mostra delle figure umane di fattezze eroiche di tradizione michelangiolesca, come se queste svolgessero già un ruolo determinato che non contempla la sostituzione con dei veri attori che recitino la loro parte. Ma più il ricordo dell'origine scenografica si allontana più marcato diviene il ruolo delle figure umane usate da Piranesi. Queste infatti assumono un'importanza rilevante nel nuovo messaggio narrativo aggiunto nella edizione finale. La maggiore partecipazione delle figure umane diventa gradualmente sempre più evidente partendo dalla tavola XVI [fig. 32], quella più radicalmente rielaborata, per poi passare alle tavole aggiunte, la V [fig.10] e la II [fig. 5]. Nelle ultime *Carceri* i personaggi diventano più grandi, un po' meno contorti, un po' meno grotteschi, anche se a H. Focillon erano sembrate mostruose le teste che appaiono come in rilievo nella parte centrale della tavola II [fig. 5].[1]

In sintonia con l'aumentare del clima polemico in cui Piranesi si trova profondamente coinvolto, vediamo una tendenza a sovrapporre alla visione grandiosa e tendenzialmente unitaria delle prime *Carceri*, una più minuta e frammentaria in cui assume importanza il dettaglio dimostrativo. Tutto questo trova una corrispondenza di stile nelle minuzie polemiche delle *Lettere di Giustificazione* a cui le ultime *Carceri* si avvicinano sia per i temi trattati, sia per il gusto delle citazioni classiche e delle allegorie moraleggianti.

Abbiamo visto come le introduzioni di elementi razionalizzanti nelle ultime *Carceri*, non escludono tuttavia le ambiguità già presenti all'origine nella loro architettura e anzi ne aggiungono di nuove. Le stampe inoltre si presentano più minacciose e sinistre, effetto ottenuto in seguito alla rielaborazione dei rami e in gran parte al forte contrasto del bianco e del nero che ne deriva. Già la prima edizione contiene dei simboli universali come i ponti e le scale, spesso intesi come passaggi da uno stato all'altro dell'essere; a questi, nella seconda edizione, si aggiungono catene, ovviamente allusive a situazioni di costrizione, come simbolo di costrizione è la stessa parola 'carcere', parola tanto cara ai poeti; possiamo pensare tra i maggiori a Petrarca che così spesso la usa come metafora del corpo. Sono del parere che sia il simbolismo sia la cupezza delle incisioni, abbiano sempre esercitato un potere di suggestione tale da rendere difficile una vera osservazione dell'opera non turbata da emozioni profonde; l'emozione sembra spesso prendere il sopravvento sull'osservazione. Non sorprende perciò che le *Carceri* abbiano ispirato tanti scrittori sensibili, sedotti dal fascino del misterioso.

[1] H. Focillon, *Giovanni-Battista Piranesi essai de catalogue raisonné de son oeuvre* (Paris, Henri Laurens, 1964, prima edizione 1918), p. 13. Ho suggerito, nella mia 'Nota sulle Carceri piranesiane' (p. 69), di vedere lo stesso Nerone nel personaggio a sinistra situato di fronte agli altri tre più in penombra; si potrebbe così interpretare come contrapposto ad alcune delle vittime della sua persecuzione.

L'uso drammatico dei toni scuri in Piranesi ha suggerito a Victor Hugo quell'espressione *Il cervello nero di Piranesi, Le noir cerveau de Piranèse*, resa poi nota da Marguerite Yourcenar nel suo stimolante saggio sulle *Carceri* intitolato *Le cerveau noir de Piranèse.*[2] Tra l'altro in questa sua opera, la celebre scrittrice esorta a un certo punto a guardare le *Carceri*: 'Regardons-les, ces *Prisons*'.

E l'esortazione è sicuramente utile; infatti come appena detto i sentimenti provocati dall'opera possono prendere il sopravvento sull'analisi ed arriviamo al paradosso che la più evocativa, seppur non fedele, delle descrizioni esistenti delle *Carceri* ci è data da uno scrittore che non le aveva mai viste. Infatti lo scrittore inglese, Thomas De Quincey, riferisce la descrizione che, come abbiamo già visto, il poeta Coleridge gli aveva fatta delle *Carceri*; a queste Coleridge aveva già cambiato titolo chiamandole *Sogni:*

> Molti anni fa, mentre stavo guardando le *Antichità di Roma* di Piranesi, Coleridge, che mi stava accanto, mi descrisse una serie di incisioni di quell'artista chiamate i suoi *Sogni*, le quali registrano le sue visioni durante il delirio di una febbre. Alcune di esse (la mia descrizione è basata soltanto sul ricordo del racconto che me ne fece Coleridge) rappresentavano vasti interni gotici, sul pavimento dei quali stava ogni sorta di ordigni e macchinari, ruote, corde, pulegge, leve, catapulte, ecc. ecc. che esprimono l'impiego di forza enorme e di resistenza superata. Lungo i lati delle pareti si arrampicava una scala e su questa, brancolando verso l'alto era Piranesi stesso: seguite le scale un poco oltre e vi accorgete che di colpo arrivano ad una interruzione improvvisa, senza balaustrata, così da non permettere un passo più oltre a colui che ne aveva raggiunto il limite, eccetto nel baratro sottostante. Qualunque cosa debba accadere al povero Piranesi supponete almeno che le sue fatiche debbano terminare qui. Ma alzate gli occhi e vedete una seconda rampa di scale ancora più alta, sulla quale si scorge di nuovo Piranesi che questa volta è proprio sull'orlo dell'abisso. Alzate ancora gli occhi e scorgete una rampa di scale ancora più aerea e di nuovo il povero Piranesi intento nelle sue faticose ascese; e così via finchè le non mai finite scale e Piranesi sono entrambi persi nella tenebra superiore del vasto ambiente. Col medesimo potere di crescita senza fine e di autoriproduzione si svolgeva la mia architettura nei sogni.[3]

2 M. Yourcenar, 'Le Cerveau noir de Piranèse', in *Sous bénéfice d'inventaire* (Paris, Gallimard, 1978, prima edizione 1962), pp. 121-75.

3 'Many years ago, when I was looking over Piranesi's *Antiquities of Rome* Mr Coleridge, who was standing by, described to me a set of plates by that artist, called his *Dreams*, and which record the scenery of his own vision during the delirium of a fever. Some of them (I describe only from memory of Mr Coleridge's account) represented vast Gothic halls: on the floor of which stood all sorts of engines and machinery, wheels, cables, pulleys, levers, catapults, &c. &c. expressive of enormous power put forth and resistance overcome. Creeping along the sides of the walls, you perceived a staircase; and upon it, groping his way upwards, was Piranesi himself: follow the stairs a little further, and you perceive them come to a sudden abrupt termination, without any balustrade, and allowing no step onwards to him who had reached the extremity, except into the depths below. Whatever is to become of poor Piranesi, you suppose, at least, that his labours must in some way terminate here. But raise your eyes, and behold a second flight of stairs still higher, on which again Piranesi is perceived, by this time standing on the very brink of the abyss. Again elevate your eye, and a still more aerial flight of stairs is beheld: and again is poor Piranesi busy on his aspiring labours: and so on, until the unfinished stairs and Piranesi both are lost in the upper gloom of the hall. With the same power of endless growth and self-reproduction did my architecture proceed in dreams' (De Quincey, pp. 105-6).

A Thomas De Quincey interessava soprattutto dare l'idea dell'architettura che si ripete all'infinito. Insieme però, nella sua descrizione, ci dice tante altre cose suscettibili di essere interpretate come lo sforzo degli esseri umani a fare un viaggio di ascesa di cui tuttavia non si conosce la strada, viaggio pieno di pericoli in cui il cammino si trova ripetutamente interrotto da una serie di precipizi. Un viaggio frustrante che bisogna ricominciare da capo, un supplizio tantalico, una serie di tentativi condannati a non avere successo, di cui non si vede lo scopo o il significato. Anche ora leggendo la descrizione di De Quincey, pur sapendo quanto poco fedele sia, è difficile non lasciarsene influenzare. Così accade che spesso si siano viste le *Carceri* attraverso le immagini evocatrici di chi non le aveva mai viste e che se ne sia tratto soprattutto un messaggio esistenziale. E bisogna riconoscere che esse si prestano facilmente ad essere intese come una angosciante allegoria della vita. D'altra parte mi sembra che la esortazione di Marguerite Yourcenar a 'guardare' le *Carceri*, e qui aggiungerei, senza però cedere a queste forti suggestioni che esse evocano, sia ancora valida e possa ancora produrre frutti per il futuro.

Riferimenti Bibliografici

Alberti, L. B. 1980. *De Pictura*, a cura di C. Grayson, Bari: Laterza

Algarotti, F. 1756. 'Saggio sopra l'Architettura', in Da Pozzo 1963, pp. 29-52

——— 1762. 'Saggio sopra l'opera in musica', in Da Pozzo 1963, pp. 145-223

Andersen, J. 1952. 'Giant Dreams. Piranesi's Influence in England', *English Miscellany*, 3: 49-60

Barocchi, P., a cura di, 1979. *Scritti d'Arte del Cinquecento: VIII, Disegno*, 2062-118. Torino: Einaudi

Battaglia, S. 1961-. *Grande dizionario della lingua italiana*, Torino: UTET

Bauer, H. 1959. 'G. B. Piranesi's "Carceri" ', *Kunstchronik*, 12: 190-98

Beccaria, C. 1764. *Dei delitti e delle pene*, Livorno: Coltellini

Beckford, W. 1840. *Italy, Spain, and Portugal*, London: Richard Bentley

Bettagno, A., a cura di, 1978. *Piranesi: Incisioni - Rami - Legature - Architetture.* Catalogo della mostra della Fondazione G. Cini di Venezia, Vicenza: Neri Pozza

———, a cura di, 1983. *Piranesi tra Venezia e l'Europa*, Firenze: Olschki

Biagi, P. 1820. *Sull'incisione e sul Piranesi*, Venezia: Picotti

Bianconi, G. L. 1779. 'Elogio Storico del Cavaliere Giambattista Piranesi celebre antiquario, ed incisore di Roma', *Antologia Romana*, 34-36: 265-84; ristampato nel 1976 in *Grafica grafica* 2, ii: 127-35

Bundy, M. W. 1930. ' "Invention" and "Imagination" in the Renaissance', *The Journal of English and Germanic Philology*, 29: 435-45

Calvesi, M. 1967. 'Saggio introduttivo', in Focillon 1963, pp. V-XXXVI

——— 1967-68. *Giovanni Battista e Francesco Piranesi.* Catalogo della mostra della Calcografia Nazionale, Roma: De Luca Editore

——— 1979. 'Riscontro con i luoghi e le fonti', in *Piranesi nei luoghi di Piranesi*, Roma: Multigrafica Editrice / F.lli Palombi Editori, pp. 25-28

Cortelazzo, M. e **Zolli, P.** 1979-88. *Dizionario etimologico della lingua italiana*, 5 voll., Bologna: Zanichelli

Da Pozzo, G., a cura di, 1963. *Francesco Algarotti: Saggi*, Bari: Laterza

De Angelis, R. 1974. *L'opera pittorica completa di Goya*, Milano: Rizzoli

De Fusco, R., a cura di, 1973. *Luigi Vanvitelli*, Napoli: Edizioni Scientifiche Italiane

De Quincey, T. 1986. *Confessions of an English Opium Eater*, Harmondsworth: Penguin (prima edizione 1821)

De' Seta, C. 1973. 'Disegni di Luigi Vanvitelli: architetto e scenografo', in De Fusco 1973, pp. 273-311

Dolce, L. 1557. *Dialogo della Pittura*, Venezia: G. Giolito de' Ferrari

Donati, L. 1938. 'Piranesiana', *Maso Finiguerra*, 2: 206-13

——— 1950. 'Giovan Battista Piranesi e Lord Charlemont', *English Miscellany*, 1: 231-42

Doni, A. F. 1549. *Disegno del Doni, partito in piu Ragionamenti ne quali si tratta della Scoltura et Pittura*, Venezia: G. Giolito Di Ferrarii

Ejzenstejn, S. M. 1987. 'Piranesi o la fluidità delle forme', traduzione italiana di M. Lenzi, *Critica d'arte*, 14: 13-21

Erouart, G. e **Mosser, M.** 1978. 'A propos de la "Notice historique sur la vie et les ouvrages de J.-B. Piranesi": origine et fortune d'une biographie', in *Piranèse et les Français*, Roma: Edizioni dell'Elefante, pp. 213-56

Eva, T. 1947. *L'Invenzione nelle arti figurative*, Milano: Vita e Pensiero

Focillon, H. 1963. *Giovanni-Battista Piranesi*, Paris: Laurens (prima edizione 1918); traduzione italiana (dall'edizione del 1963), Bologna: Alfa, 1967

——— 1964. *Giovanni-Battista Piranesi essai de catalogue raisonné de son oeuvre*, Paris: Henri Laurens (prima edizione 1918)

Garms, J. 1982. 'Piranesi e la Scenografia', in Schnapper 1982, pp. 117-28

Gavuzzo-Stewart, S. 1971. 'Nota sulle Carceri piranesiane', *L'arte*, 15-16: 56-74

——— 1990. 'Sull'uso di *invenit* nelle stampe', *The Italianist*, 10: 103-10

——— 1997. 'Gli "errori" di G. B. Piranesi: le citazioni latine nelle stampe d'invenzione', *The Italianist*, 17: 348-65

Gilbert, J., a cura di, 1891-94. *The Manuscripts and Correspondence of James, First Earl of Charlemont*, 2 voll., London: Historical Manuscripts Commission

Goethe, J. W. 1991. *Viaggio in Italia* (1786-1788), Milano, Rizzoli, traduzione italiana di E. Zanaboni

Griseri, A. 1957. 'Itinerari Juvarriani', *Paragone*, 8: 40-59

——— 1983. 'Piranesi e l'illuminismo', in Bettagno 1983, pp. 305-24

Hind, A. M. 1963. *A History of Engraving & Etching*, New York: Dover Publications (prima edizione 1923)

Hogarth, W. 1753. *The Analysis of Beauty*, London: pubblicato dall'autore

Kupfer, A. 1992. *Piranesis Carceri. Enge und Unendlichkeit in den Gefängnissen der Phantasie*, Stuttgart: Belser Verlag

Lausberg, H. 1969. *Manuale di retorica*, Bologna: il Mulino

——— 1973. *Handbuch der literarischen Rhetorik*, 2 voll., seconda edizione, München: Max Hueber Verlag

Lee, R. W. 1974. *Ut Pictura Poesis*, Firenze: Sansoni

Legrand, J. G. 1799. *Notice historique sur la vie et les ouvrages de J. B. Piranesi, architecte, peintre et graveur né à Venise en 1720, mort à Rome en 1778. Rédigée sur les notes et les pièces communiquées par ses fils, les Compagnons et les Continuateurs de ses nombreux travaux*, in Erouart e Mosser 1978, pp. 221-52

Leonardo da Vinci, 1956. *Trattato della pittura*, a cura di, A. P. McMahon, Princeton: Princeton University Press

MacDonald, W. L. 1979. *Piranesi's Carceri: Sources of Invention*, Northampton, Mass.: Smith College

Mariani, V. 1930. *Storia della scenografia italiana*, Firenze: Rinascimento del Libro

Mengs, A. R. 1787. *Opere di A. R. Mengs*, Roma: Pagliarini

Milizia, F. 1827. *Dizionario delle belle arti del disegno*, 2 voll., Bologna: Dalla Stamperia Cardinali e Frulli (prima edizione 1787)

Morazzoni, G. 1921. *Giovan Battista Piranesi architetto e incisore*, Milano: Alfieri & Lacroix

Mortara Garavelli, B. 1988. *Manuale di retorica*, Milano: Bompiani

Murray, P & L. 1976. *Dictionary of Art & Artists*, Harmondsworth: Penguin (prima edizione 1959)

Niebuhr, B. G. 1820. M. T. *Ciceronis orationum pro M. Fonteio et pro C. Rabirio fragmenta.* Roma: de Romanis

Pane, R. 1980. *Paestum nelle acqueforti di Piranesi*, Milano: Edizioni di Comunità

Pascoli, L. 1730-36. *Vite de' pittori, scultori ed architetti moderni*, 2 voll., Roma: Rossi

Piranesi, G. B. 1743. *Prima Parte di Architetture e Prospettive inventate, ed incise da Gio. Batta. Piranesi Architetto Veneziano dedicate al Sig. Nicola Giobbe*, Roma: Pagliarini

——— 1756. *Le Antichità Romane*, Roma: Bouchard e Gravier

——— 1757. *Lettere di Giustificazione*, Roma: pubblicato dall'autore

——— 1761. *Della Magnificenza ed Architettura de' Romani*, Roma: pubblicato dall'autore

——— 1765. *Parere su l'Architettura*, Roma: pubblicato dall'autore

Piranèse et les Français, 1740-1790, 1976. Catalogo di mostra, Roma: Edizioni dell'Elefante

Praz, M. 1977. *Piranesi: Magnificenza di Roma*, Milano: Edizioni il Polifilo (prima edizione 1961)

Puppi, L. 1983. 'Educazione veneziana di Piranesi', in Bettagno 1983, pp. 217-64

Robison, A. 1978. *Giovanni Battista Piranesi: The Early Architectural Fantasies*, Catalogo di mostra, Washington: National Gallery of Art

Röttgen, S. 1985. 'Un ritratto allegorico di Lord Charlemont dipinto da Mengs, e alcune annotazioni sul rapporto tra Piranesi e l'ambiente neoclassico romano', in *Piranesi e la cultura antiquaria*, a cura di Anna Lo Bianco, Roma: Multigrafica Editrice, pp. 149-70 (prima edizione 1983)

Rykwert, J. 1980. *The First Moderns. The Architects of the Eighteenth Century*, Cambridge, Mass.: MIT Press

Santalucia, B. 1988. 'Dalla vendetta alla pena', in *Storia di Roma*, Torino: Einaudi, I, 427-49

Scarabello, G. 1979. *Carcerati e Carceri a Venezia nell'età moderna*, Roma: Istituto della Enciclopedia Italiana

Schnapper, A., a cura di, 1982. *La scenografia barocca*, Bologna: Editrice Clueb

Scott, J. 1975. *Piranesi*, London: Academy Editions

Sekler, P. M. 1962. 'Notes on Old and Modern Drawings, Giovanni Battista Piranesi's "Carceri" Etchings and Related Drawings', *The Art Quarterly*, 25, iv: 330-63

Vasari, G. 1906. *Le Vite de' più eccellenti Pittori Scultori ed Architettori*, a cura di G. Milanesi, in *Le Opere di Giorgio Vasari*, 9 voll., Firenze: G. C. Sansoni

Viale Ferrero, M. 1963. *La scenografia del '700 e i fratelli Galliari*, Torino: Edizioni d'Arte Fratelli Pozzo

Vogt-Göknil, U. 1958. *Giovanni Battista Piranesi, Carceri*, Zürich: Origo Verlag

Walpole, H. 1765. *The Castle of Otranto*, London: pubblicato dall'autore

——— 1762-71. *Anecdotes of Painting in England*, 4 voll., Twickenham: Strawberry Hill Press

Weitenkampf, F. 1909. *How to Appreciate Prints*, London: Grant Richards

Wilton-Ely, J. 1978. *Piranesi*, Catalogo di mostra, London: Arts Council of Great Britain

——— 1994. *Giovanni Battista Piranesi, The Complete Etchings*, 2 voll., San Francisco: Alan Wofsy Fine Arts

Winckelmann, J. J. 1755. *Gedanken über die Nachahmung der griechischen Werke in der Malerei und Bildhauerkunst*, Dresden: ristampato a cura di Ludwig Uhlig, Stuttgart: Reclam (1969)

Yourcenar, M. 1978. 'Le Cerveau noir de Piranèse', in *Sous bénéfice d'inventaire*, Paris: Gallimard (prima edizione 1962), pp. 125-75

Zuccari, F. 1607. *Idea de' pittori, scultori et architetti*, Torino: Disserolio; ristampato in Barocchi, P., 1979, pp. 2062-118

Indice dei nomi